RECUEIL

DE

GANTIQUES NOUVEAUX

EN L'HONNEUR

DE LA TRÈS-SAINTE VIERGE

POUR LES EXERCICES DE SON BEAU MOIS

ET POUR CHACUNE DE SES FÊTES

ADAPTÉS A DES AIRS RÉCENTS ET GÉNÉRALEMENT CONNUS

Par M. ISOARD

Chanoine Honoraire de Digne, ancien Professeur du Grand-Séminaire
Curé—Doyen de Saint-Etienne

DÉDIÉ A NOTRE-DAME DE LURE

DIGNE
VIAL, IMPRIMEUR-LIBRAIRE
Rue Capitoul, 5
—
1869

RECUEIL

DE

CANTIQUES NOUVEAUX

EN L'HONNEUR

DE LA TRÈS-SAINTE VIERGE

POUR LES EXERCICES DE SON BEAU MOIS

ET POUR CHACUNE DE SES FÊTES

ADAPTÉS A DES AIRS RÉCENTS ET GÉNÉRALEMENT CONNUS

Par M. ISOARD

Chanoine Honoraire de Digne, ancien Professeur du Grand-Séminaire
Curé-Doyen de Saint-Etienne

DÉDIÉ A NOTRE-DAME DE LURE

❦

DIGNE

VIAL, IMPRIMEUR-LIBRAIRE

Rue Capitoul, 5

—

1869

APPROBATION

———◇———

Nous Marie-Julien MEIRIEU, par la miséricorde divine et la grâce du Saint Siége Apostolique, Évêque de Digne.

Approuvons et permettons d'imprimer un *Recueil de Cantiques* en l'honneur de la Très-Sainte Vierge, publié par M. Isoard, Curé-Doyen de Saint-Étienne.

Nous verrons avec plaisir ce pieux recueil destiné à favoriser la piété envers la Sainte Mère de Dieu se répandre parmi les Fidèles de notre Diocèse.

Donné à Digne, le 1er Avril 1869.

† M. JULIEN,
Évêque de Digne.

AVERTISSEMENT

———◦◦◦———

Parmi les Cantiques que nous éditons, un tiers environ avaient été composés par l'auteur pour faire suite à un Mois de Marie qui fut imprimé à Digne, par M. Repos en 1845. Les autres sont entièrement nouveaux et imprimés pour la première fois.

Le but que s'est proposé l'auteur en les donnant au public, a été de venir en aide à ceux qui aiment à chanter les louanges de la Sainte Vierge, en leur offrant, dans un seul livre, les avantages de plusieurs.

Il y a en effet, dans chaque paroisse, un certain nombre d'airs qui sont très-connus. Mais les cantiques auxquels ces airs sont adaptés se trouvent disséminés dans plusieurs recueils différents que les choristes n'ont pas toujours sous la main. Or, ne pouvant donner un recueil des cantiques eux-mêmes, parce que la plupart sont *propriété* d'auteur ou d'éditeur, il y a suppléé en composant des cantiques nouveaux, qui permettent de faire entendre les airs que l'on aime le plus.

C'est pour mieux atteindre ce but, que l'auteur a eu soin, autant que possible, de commencer ses cantiques par le premier vers et quelque fois la première strophe des cantiques connus dont il veut reproduire le chant,

Puisse la Reine des cieux être glorifiée par le chant de ces cantiques ! C'est toute la récompense qu'ambitionne l'auteur.

NOTA. Trois cantiques sont adaptés à chacun des jours du Mois de Marie.

Le 1er est consacré au Mois de Marie lui-même, considéré comme emblème mystérieux des vertus de la Reine des cieux.

Le 2e roule sur une circonstance de la vie de la Sainte Vierge, et peut par conséquent s'appliquer à quelqu'une de ses Fêtes.

Le 3e est ou une prière, ou une invocation, ou un chant de louange, ou une consécration, etc.

RECUEIL

DE

CANTIQUES NOUVEAUX

EN L'HONNEUR

DE LA

TRÈS-SAINTE VIERGE

ADAPTÉS A SON BEAU MOIS

LA VEILLE DU MOIS DE MARIE

—

Nº 1. — I. Retour du Mois de Marie.

Air connu.

Les voici les beaux jours, consacrés à Marie !
Mon âme les salue avec transport d'amour ;
Oh ! qu'il me sera doux, Mère tendre et chérie,
De venir, chaque soir, former ici ta cour !

REFRAIN.

Salut ! beau mois, salut ! saison fleurie !
Tes doux parfums, en montant vers les cieux,
Iront porter à l'auguste Marie
Mes saints soupirs, mon amour et mes vœux.

Dans le divin séjour, les anges, à toute heure,
Te chantent, ô Marie ! et nous, pendant ce mois,
Nous viendront te bénir, dans la sainte demeure,
T'offrir notre prière et nos cœurs et nos voix.

Ce mois sera pour nous comme une longue fête,
Ton nom, qui l'embellit, saura le rendre heureux :
Lorsqu'à te vénérer chacun de nous s'apprête,
Toi, Mère des élus, souris du haut des cieux.

Croissez, charmantes fleurs, présent de la nature,
A l'autel de Marie étalez vos couleurs ;
Exhalez vos parfums, car toute créature
Doit offrir son tribut à la Reine des cœurs.

A toi, dès aujourd'hui, bonne et tendre Marie,
A toi mes chants d'amour, mon culte solennel,
Pendant tout ce beau mois, pendant toute ma vie,
A l'heure de ma mort, et puis toujours au ciel !!!

Nº 2. — II. Immaculée Conception de Marie.

Air connu.

Salut ! ô Vierge immaculée !
Conçue exempte de péché ;
De cette faveur signalée
Mon cœur est vivement touché.

REFRAIN.

Vierge sans tache, admirable Marie,
Entre vos mains nous plaçons notre sort ;
Priez pour nous pendant toute la vie,
Priez surtout à l'heure de la mort.

Enfants d'une mère coupable,
Nous sommes souillés en naissant ;
Pour vous, Vierge, rien de semblable,
Vous défiez l'ancien serpent.

Pouviez-vous être la conquête
Du prince odieux des enfers?
Vous qui deviez briser sa tête,
Et river à jamais ses fers!

Non, Dieu se devait de vous rendre
Pure et belle comme l'azur,
Car son Fils ne pouvait descendre
Que dans un sein tout-à-fait pur.

A bon droit, Dieu, Vierge très-belle,
Vous soustrait à notre malheur,
Et la souillure originelle
N'a jamais flétri votre cœur.

Beau chef-d'œuvre des mains divines,
Vous brillez, par vos saints attraits,
Comme un lis parmi les épines,
Un jasmin parmi des cyprès.

La beauté pure et sans mélange
Dont brille votre front vermeil
Eblouirait les yeux d'un ange,
Et ferait pâlir le soleil.

Mère d'amour et de clémence,
Veillez sur nous du haut des cieux,
Et conservez notre innocence,
Ce beau trésor si précieux.

N° 5. — III. Litanies.

Air connu.

REFRAIN.

Vierge Marie,
Nous avons tous recours à vous :
Mère chérie,
Priez, priez pour nous.

Devant vous je m'incline,
O sainte Mère de Dieu !
Mère de la grâce divine,
Vous qu'on doit révérer en tout lieu.

Mère chaste et très-pure,
O Mère du Créateur !
Mère sans tache et sans souillure,
Votre Fils est notre Rédempteur.

O Vierge très-puissante !
Et digne de tout honneur :
Vierge fidèle et très-clémente,
Exaucez les vœux de notre cœur.

O trône de sagesse !
Miroir de la sainteté :
Vous qui redonnez l'allégresse
A tout cœur ici-bas attristé.

O belle et blanche rose !
Tour de David, Maison d'or :
Arche sainte, où Jésus repose,
De nos cœurs le plus riche trésor.

Belle et brillante étoile,
Sublime porte du ciel ;
A nos yeux montrez-vous sans voile,
Ouvrez-nous votre cœur maternel.

Remède salutaire,
Puissant secours des chrétiens ;
Montrez-vous toujours notre Mère,
Recevez et nos cœurs et nos biens.

Sainte Reine des anges,
Et Reine de tous les saints,
Puissions-nous chanter vos louanges,
Avec eux, dans les parvis divins !

Jésus, Sauveur du monde,
O saint et divin agneau !
Conçu de la Vierge féconde,
Daignez mettre en nous un cœur nouveau.

PREMIER JOUR.

Nº 4. — I. Mois de Marie.

AIR : *Quels souvenirs doux et pieux.*

Les voici les jours de bonheur,
Voici les jours de notre Mère,
Les voici les jours de bonheur,
Les jours qu'attendait notre cœur.
Consacrons-les avec amour
A celle qu'au ciel on révère,
Consacrons-les avec amour
A lui faire ici notre cour.

Elle est plus belle que les fleurs
Que chaque matin voit éclore,
Elle est plus belle que les fleurs
Qui brillent de mille couleurs.
Plus touchante que les concerts
Qui retentissent dès l'aurore,
Plus touchante que les concerts
Qui retentissent dans les airs.

Elle est plus blanche que le lis
Qui sur sa tige se balance,
Elle est plus blanche que le lis
Dont les regards sont éblouis.
Plus suave que le jasmin
Dont le parfum exquis s'élance,
Plus suave que le jasmin
S'ouvrant au zéphir du matin.

Elle est plus riche que l'or pur
Et que la perle orientale,
Elle est plus riche que l'or pur,
Plus pure qu'un beau ciel d'azur.
Elle est plus douce que l'encens
Qui devant le Très-Haut s'exhale,
Elle est plus douce que l'encens
Qui monte au ciel avec nos chants.

Elle nous aime cent fois plus,
Cent fois plus qu'une tendre mère,
Elle nous aime cent fois plus,
Si nous imitons ses vertus.
Jurons toutes de l'imiter,
Pour être sûres de lui plaire,
Jurons toutes de l'imiter,
Alors nous pourrons la chanter.

Pendant ce mois, doux à nos cœurs,
Nous venons, avec allégresse,
Pendant ce mois, doux à nos cœurs,
Nous venons chanter vos grandeurs.
Bonne Marie ! écoutez-nous,
Montrez-vous pleine de tendresse ;
Bonne Marie ! écoutez-nous,
C'est-là notre vœu le plus doux.

N° 5. — II. Naissance de Marie.

Air connu.

Soudain, quel astre vient d'éclore
Tout éblouissant de splendeur !
Marie est la brillante aurore
Annonçant le jour du Seigneur.
Dans sa disgrâce criminelle
Eve entraîna le genre humain,
Mais Dieu promit qu'un Enfant, venu d'elle,
Viendrait un jour changer notre destin.

REFRAIN.

De Marie,
La Vierge bénie,
Entourons le sacré berceau ;
Sa naissance,
Gage d'espérance,
Demande un cantique nouveau.

Celle qui doit briser la tête
De l'antique et rusé serpent,
Ebranle déjà sa conquête
Par son heureux avènement.
Nous gémissions dans les alarmes,
Esclaves de nos ennemis ;
Bientôt Marie étanchera nos larmes,
En nous donnant le Rédempteur promis.

De David on croyait la race
Sur le point de s'évanouir ;
Mais le Tout-Puissant, par sa grâce,
La fait aujourd'hui refleurir.
Dans la Vierge, à jamais bénie,
Honneur et gloire de Sion,
Ce pieux roi, de sa tige flétrie
Voit repousser le plus beau rejeton.

Auprès de son berceau, les anges
Ont rendu gloire à l'Eternel ;
Ils entourent de leurs louanges
La future Reine du ciel.
Imitons ce pieux hommage,
Honorons la Vierge en ce jour ;
Promettons-lui qu'en tout temps, à tout âge,
Elle sera l'objet de notre amour.

Divine Enfant, tendre Marie,
Daignez jeter les yeux sur nous ;
C'est votre famille chérie
Qui vous en prie à deux genoux.

En célébrant votre naissance,
A vous nous adressons nos vœux :
Soyez l'espoir, l'appui de notre enfance,
Que votre main la guide vers les cieux !

N° 6. — III. Litanies.

AIR : *Miséricordieux Seigneur.*

Dieu tout-puissant, Dieu de bonté,
Père, Fils, Esprit adorable,
Indivisible Trinité,
A nos vœux soyez secourable.
Nous mettons notre espoir en vous,
Seigneur, ayez pitié de nous.

O sainte Mère de mon Dieu !
Mère de la grâce divine ;
Vous que l'on révère en tout lieu,
Devant vous que tout front s'incline !
Nous avons tous recours à vous,
Mère de Dieu, priez pour nous.

Mère éclatante de blancheur,
Mère sans tache et sans souillure,
Mère du divin Rédempteur,
A la fois Mère et Vierge pure.
Nous avons tous recours à vous,
Mère de Dieu, priez pour nous.

Vierge, digne de tout honneur,
Vierge, modèle de prudence,
Qui nous dira votre grandeur,
Vos vertus et votre puissance?
Nous avons tous recours à vous,
Mère de Dieu, priez pour nous.

O trône de la sainteté !
Sublime miroir de sagesse,
Vous qui, dans tout cœur attristé,
Faites renaître l'allégresse.
Nous avons tous recours à vous,
Mère de Dieu, priez pour nous.

Vase plein d'un parfum exquis,
Tour de David, Rose mystique,
Maison d'or, Fleur du paradis,
A vous notre pieux cantique !
Nous avons tous recours à vous,
Mère de Dieu, priez pour nous.

Brillante Étoile du matin,
Porte du ciel, Arche ineffable ;
Du mal Remède souverain,
Refuge assuré du coupable.
Nous avons tous recours à vous,
Mère de Dieu, priez pour nous.

Reine des anges et des saints
Qui, tous, vous doivent la victoire ;
Oh ! faites qu'aux parvis divins,
Un jour nous chantions votre gloire.
Nous avons tous recours à vous,
Mère de Dieu, priez pour nous.

Agneau de Dieu, qui, par bonté,
Nous avez donné votre Mère,
Faites, ô Dieu de majesté !
Qu'à jamais elle nous soit chère !
Nous mettons notre espoir en vous,
Seigneur, ayez pitié de nous.

SECOND JOUR.

Nº 7. — I. Mois de Marie.

AIR : *du fil de la Vierge.* Pauvre fil qu'autrefois
[ma jeune rêverie.

Beau mois que le chrétien salue avec ivresse,
Doux mois des fleurs !
Toi qui calme nos maux, charme notre tristesse,
Ravis nos cœurs ;
O mois de notre Mère ! augure d'espérance,
Gage d'amour,
Je sens avec bonheur la céleste influence
De ton retour.

Qu'il est beau l'ornement dont tu pares la terre!
Mois enchanteur,
Tu fais de chaque champ un gracieux parterre
Riche en couleur.
L'oiseau chante en son nid, le doux zéphir mur-
Dans les roseaux,   [mure
Le tendre agneau bondit auprès de l'onde pure
Des clairs ruisseaux.

Tu fais naître la rose, et mets dans sa corolle
La majesté ;
Et tu donnes au lis sa blancheur, vrai symbole
De pureté.
De tout côté s'exhale un parfum balsamique
Qui monte au ciel,
Et de tout arbrisseau s'élève un doux cantique
Vers l'Éternel.

C'est ton auguste mois, douce et tendre Marie,
Reine des cieux ;
Qui verse dans nos cœurs le charme de la vie,
Nous rend heureux.

A toi donc ces présents, cette magnificence,
    A toi nos fleurs;
A toi tout notre amour, notre reconnaissance,
    A toi nos cœurs !

O Vierge ! souviens-toi qu'on n'a pas ouï dire,
    Au temps passé,
Qu'aucun des serviteurs soumis à ton empire
    Fut délaissé.
Guidés par cet espoir, nous venons, tendre Mère,
    A ton autel,
Pour qu'un de tes souris désarme la colère
    De l'Éternel.

Étoile du matin, guide notre nacelle,
    Entends nos voix ;
Et ce bienfait sera le prix de notre zèle
    Pour ton beau mois.
Que l'antique dragon, exilé de la gloire,
    Entre en courroux,
Tu suppliras ton Fils, et dès lors la victoire
    Sera pour nous.

Nº 8. — II. Saint Nom de Marie.

AIR : *C'est le Nom de Marie, etc.*

REFRAIN.

Du beau nom de Marie
Célébrons les grandeurs ;
Qu'on chante et qu'on publie
Ses attraits enchanteurs !

Votre nom, tendre Mère,
Ce nom délicieux,
Est comme une prière
Qui monte vers les cieux.

A l'oreille attendrie,
Ce nom, plein de douceur,
Est comme une harmonie,
Comme un concert flatteur.

Ce nom toujours m'attire
Comme un chant des plus doux ;
Les anges, sur leur lyre,
Le chantent à genoux.

Ce nom est pour mon âme
Comme un rayon de miel ;
C'est un feu qui l'enflamme,
C'est un nectar du ciel.

Ce nom, dans la souffrance,
Est un baume divin ;
Il est notre espérance
A l'heure du chagrin.

On dit que ce nom touche
Le Dieu puissant et fort ;
Qu'il soit donc dans ma bouche
Au moment de ma mort !

La plus tendre des Mères,
Votre nom enchanteur,
En brûlants caractères
Gravez-le dans mon cœur.

Faites, bonne Marie,
Que ce nom, mes amours,
Dans la sainte patrie,
Je le chante toujours.

No 9. — III. Invocation.

AIR : *Vous qui régnez dans la gloire.*

REFRAIN.

Vous que la gloire environne,
Auguste Reine des cieux,
Mère aussi tendre que bonne,
Recevez nos chants pieux.

Dans ce beau jour, Vierge Marie,
Nous voulons chanter vos grandeurs,
Mais, avant tout, Mère chérie,
Nous voulons vous offrir nos cœurs.

Recevez, ô divine Mère !
Notre amour, nos vœux ingénus ;
Vous, en retour, ô Vierge chère !
Daignez nous donner vos vertus.

Mettez en nous votre espérance,
Votre foi, votre charité,
Votre ferveur, votre innocence
Et votre aimable pureté.

Donnez-nous votre obéissance
Aux saints préceptes du Seigneur ;
Donnez-nous votre patience
Dans les épreuves du malheur.

Puissions-nous, à l'heure suprême,
Nous présenter au doux Jésus
Avec le riche diadême
Des belles fleurs de vos vertus !

1*

TROISIÈME JOUR.

Nº 10. — I. Mois de Marie.

Air connu.

Tout s'anime, dans la nature,
Au souffle embaumé du printemps ;
Les bois ont repris leur verdure,
Les oiseaux ont repris leurs chants.

REFRAIN.

Reine du ciel, tendre Marie,
A vous le parfum de nos fleurs ;
A vous nos chants, Mère chérie,
A vous les soupirs de nos cœurs.

Roses et lis, croissez pour elle,
Venez décorer son autel ;
Que sa gracieuse chapelle
Soit pour nous l'image du ciel.

Oiseaux, cachés dans le feuillage,
Ou qui voltigez dans les airs,
Venez aussi lui rendre hommage,
Chantez vos plus jolis concerts.

Que tout proclame, tout publie
La Reine du divin séjour !
Pour l'auguste et tendre Marie
Que tout soit un hymne d'amour !

O Vierge ! vous à qui l'on donne
Les noms les plus beaux, les plus doux,
Soyez toujours notre patronne,
Daignez toujours veiller sur nous.

Couvrez-nous de votre clémence,
Rendez-nous forts dans les combats;
Prenez toujours notre défense,
Surtout à l'heure du trépas.

N° 11. — II. Marie dans le Temple.

AIR : *Je vous salue, auguste et sainte Reine.*

Dans le lieu saint, séjour de son enfance,
Comment Marie occupait ses instants ?
Vous l'avez vue, en cette circonstance,
Dites-le nous, anges purs et brillants.

« Elle veillait à ce que la décence
« Régnât toujours dans les parvis sacrés;
« Appropriant, avec persévérence,
« Et les parquets et les lambris dorés.

« Elle tenait les lampes allumées,
« Offrait le glaive au sacrificateur;
« Et, par ses soins, les flammes parfumées
« Faisaient monter l'encens vers le Seigneur.

« Pour la tunique, ou l'éphod du grand-prêtre
« Elle brodait et la laine et le lin;
« Elle adorait son Dieu, son divin Maître,
« Avec l'ardeur d'un brûlant séraphin.

« Elle lisait, nuit et jour, la loi sainte,
« La méditait avec transport d'amour;
« Son âme alors, sur son front toute empreinte,
« Semblait voler vers l'éternel séjour.

« Elle priait que le divin Messie
« Vînt au plus tôt sauver le genre humain,
« Et méritait, par sa très-sainte vie,
« De le porter dans son très-chaste sein. »

Tendre Marie, ainsi parlent les anges,
Et leur discours est un chant des plus doux :
Daignez sourire à ce chant de louanges,
Et bénissez vos enfants à genoux.

Nº 12. — III. Invocation.

Air connu.

REFRAIN.

Vierge Marie,
Que chacun prie
Avec bonheur,
Je vous honore,
Je vous implore
De tout mon cœur.

Votre âme belle,
Toujours fidèle
Plût au Seigneur;
Et l'innocence
De votre enfance
Charma son cœur.

Bonheur suprême !
A Dieu lui-même
Donnant le jour,
Vous restez pure
Et sans souillure,
Mère d'amour.

Le chœur des anges
Dit vos louanges,
Dans ses concerts;
Il vous dit Reine
Et Souveraine
De l'univers.

Sur cette terre,
Vos fils, ô Mère !
Célèbreront
Votre victoire
Et votre gloire,
Tant qu'ils vivront.

Que ma prière
Monte légère
Vers le ciel bleu,
Où votre trône
Brille et rayonne,
Auprès de Dieu.

O Mère tendre !
Daignez m'entendre,
Dans ce beau jour ;
Mon cœur réclame
La douce flamme
De votre amour.

Votre chapelle
Me renouvelle
Tous vos bienfaits ;
Dans cet asile,
Mon cœur tranquille
Goûte la paix.

Avec constance
Et confiance,
Matin et soir,
Je viens vous dire
Que je désire
Aller vous voir;

QUATRIÈME JOUR.

Nº 13. — I. Mois de Marie.

Air connu.

Nous que l'amour, aux pieds de notre Mère,
Fait palpiter de joie et de bonheur,
Que ce beau mois, que ce mois salutaire
Éveille en nous une sainte ferveur.

REFRAIN.

Bonne Marie,
Mère chérie,
Souris aux chants
De tes enfants.
Bonne Marie,
Mère chérie,
Bénis ces heureux jours,
Veille sur nous toujours.

Cueillons des fleurs pour tresser sa couronne,
Ornons pour elle à l'envi le saint lieu ;
Fesons briller son autel et son trône,
Rien n'est trop beau pour la Mère de Dieu.

Dieu, dans le ciel, l'investit de sa gloire,
La couronnant Reine de l'univers,
Nous, ici-bas, par des chants de victoire,
Célébrons-la dans nos pieux concerts.

Vierge Marie, ô notre aimable Reine !
Nous vénérons ta sublime grandeur;
Règne sur nous, oui, règne en souveraine,
Tout est à toi, notre âme et notre cœur !

N° 14. — **II. Annonciation.**

Air connu, ou *C'est le nom de Marie.*

D'une Mère chérie
Montrons-nous les enfants ;
Consacrons à Marie
Et nos cœurs et nos chants.

REFRAIN.

De concert avec l'ange,
Quand il la salua,
Disons à sa louange
Un *Ave Maria.*

« Vierge, pleine de grâce,
Dit l'archange à genoux,
« Beauté que rien n'efface,
« Le Seigneur est en vous.

« Mon Dieu vous a choisie,
« Et votre chaste sein
« Donnera le Messie,
« Sauveur du genre humain.

« Dans ce divin mystère
« Rien ne sera charnel ;
« Et vous serez la Mère
« Du Fils de l'Eternel. »

Me voici la servante
Du Seigneur tout-puissant ;
Dit, d'une voix tremblante
La Vierge au cœur brûlant.

Aussitôt Dieu lui donne
Cette maternité
Qui devient la couronne
De sa virginité.

D'une faveur si belle
Nous te félicitons ;
Vierge tendre et fidèle,
Fais-nous part de tes dons.

Veille toujours, ô Mère !
Oh ! veille bien sur nous :
C'est là notre prière
Notre vœu le plus doux.

Nº 15. — III. Invocation.

AIR : *Écoutez du fond de la Chine.*

A vos pieds, Reine de clémence,
Nous mettons nos vœux les plus doux ;
Nous disons avec confiance :
Sainte Vierge, priez pour nous.

Vous ranimez notre courage,
Quand nous sommes à vos genoux :
Douce Patronne de notre âge,
Sainte Vierge, priez pour nous.

Le démon, grinçant de colère,
De notre bonheur est jaloux ;
Mais il fuit à votre prière ;
Sainte Vierge, priez pour nous.

Quand sur nous la tempête gronde,
Votre main peut parer ses coups ;
En vous donc notre espoir se fonde,
Sainte Vierge, priez pour nous.

Bien souvent, hélas ! notre offense
Du ciel provoque le courroux ;
Prenez en main notre défense,
Sainte Vierge, priez pour nous.

A votre bonté maternelle,
Mère, nous nous confions tous;
Daignez nous couvrir de votre aile,
Sainte Vierge, priez pour nous.

Ah! pourriez-vous ne pas entendre
Les vœux qui s'adressent à vous?
Votre cœur est prêt à s'y rendre,
Sainte Vierge, priez pour nous.

Pour qu'un jour au sein de la gloire,
Par le souverain Juge absous,
Nous célébrions notre victoire,
Sainte Vierge, priez pour nous.

CINQUIÈME JOUR.

N° 16. — I. Mois de Marie.

AIR : *O Vierge toute bonne!*

De la saison nouvelle
Qui dira les bienfaits?
C'est pour la Vierge belle
Qu'elle prend ses attraits.

REFRAIN.

Venez, troupe choisie,
Chantons un air nouveau;
C'est le mois de Marie,
C'est le mois le plus beau.

Pour elle, la nature
Etale ses couleurs,
Prodigue sa verdure
Et ses douces senteurs.

Pour elle, le ciel brille
De l'éclat le plus pur,
Et l'étoile scintille
Au firmament d'azur.

Pour elle, dès l'aurore
Souffle le doux zéphir,
La rosée élabore
Ses perles de saphir.

Pour elle, l'oiseau chante
A la pointe du jour,
Et l'onde transparente
Murmure son amour.

Pour elle aussi, la glace
Cherche d'autres climats,
Et le printemps remplace
La neige et les frimats.

De l'auguste Marie,
A notre tour, fêtons
Le mois plein d'harmonie
Dans lequel nous entrons.

Quand on fait ses délices
D'imiter ses vertus ;
On goûte les prémices
Du bonheur des élus.

Nº 17. — II. Marie à Bethléem.

AIR : *Sous ces murs élevés tandis que tout sommeille.*

Vierge de Nazareth, plus belle que le jour,
Vous avez, après Dieu, des droits à notre amour;
De votre chaste sein, Vierge pure et féconde,
Vous nous avez donné le Rédempteur du monde;
Et, par là, du Très-Haut les décrets éternels
Vous ont associée au salut des mortels.

REFRAIN.

Mère du Dieu, naissant dans une étable,
Présentez-nous à ce divin Sauveur;
En s'abaissant, il devient plus aimable,
Il peut, lui seul, nous donner le bonheur.

Anges, répétez-nous quelques-uns des concerts
Que, sur vos harpes d'or, vous chantiez dans les
Lorsque, plus radieux que l'aube matinale, [airs,
Jésus devint le fruit d'une fleur virginale.
Grotte de Bethléem, palais d'un Dieu naissant,
Laisse-nous voir la Mère et son Fils tout-puissant.

Belle nuit de Noël, revêts-toi de splendeurs,
Et, du moins pour un temps, renonce à tes rigueurs;
Parle-nous de Marie, et dis par quel mystère
En nous donnant son Fils, elle fut Vierge et Mère!
Dis-nous le culte pur et l'hommage touchant
Qu'elle offrit la première à son divin Enfant.

Venez, cœurs ingénus, à l'intrigue étrangers,
Auprès du saint berceau, venez, humbles bergers,
En adorant le Fils, félicitez la Mère,
Qui vient de nous donner ce trésor salutaire.
Étoile de Jacob, lève-toi dans les cieux,
Et les rois te suivront dans ces modestes lieux.

Voyez comme l'Enfant, beau comme il n'en est pas,
Vers l'auguste Marie étend déjà les bras !
Son aimable souris, parlant à sa manière,
Semble déjà nous dire : « Homme, voilà ta Mère ! »
Nous acceptons le don, ô Sauveur d'Israël !
Votre Mère sera notre Mère du ciel.

N° 18. — III. Invocation.

Air connu.

Vers l'autel de Marie,
Groupons-nous en ce jour ;
Mère aimable et chérie,
Donne-nous ton amour.

C'est aux pieds de ce trône,
Que nous formons ta cour :
O divine Patronne !
Donne-nous ton amour.

Mêlée aux chœurs des anges,
Notre voix, tour à tour,
Veut chanter tes louanges,
Donne-nous ton amour.

O Vierge à l'œil de flamme !
Vierge au cœur sans détour,
Délices de notre âme,
Donne-nous ton amour.

Ta gloire, tendre Mère,
Brille au divin séjour,
Souviens-toi de la terre,
Donne-nous ton amour.

Étoile pure et belle,
Comme l'astre du jour ;
Guide notre nacelle,
Donne-nous ton amour.

Arche de l'alliance,
De David belle tour,
Veille à notre défense,
Donne-nous ton amour.

Si la vie a des charmes,
Les pleurs ont bien leur tour,
Pour étancher nos larmes,
Donne-nous ton amour.

L'ennemi de notre âge
Rode tout alentour;
Mais pour vaincre sa rage,
Donne-nous ton amour.

Nos cœurs, ô Mère aimable,
Sont à toi, sans retour;
Rends ce bonheur durable,
Donne-nous ton amour.

SIXIÈME JOUR.

Nº 19. — I. Mois de Marie.

Air : *Salut à toi, mois bien-aimé.*

Salut, beau mois que notre cœur
A nommé le mois de Marie;
Gage de paix et de bonheur
Pour l'âme qui pleure et qui prie :
O mois, si longtemps désiré!
Tu viens, et ton retour m'enchante;
En te chantant, mois révéré,
C'est notre Mère que je chante.

Dépouillant ses habits de deuil,
La nature s'est rajeunie;
Tout semble sortir du cercueil,
Pour vous louer, tendre Marie.
L'oiseau vous offre ses accords,
L'arbre des forêts sa verdure,
Les champs vous donnent leurs trésors,
Les jardins leur riche parure.

Comme l'arbrisseau des vallons
Qui soupire après la rosée,
Ainsi, Marie, après vos dons
Soupirait mon âme épuisée.
Mais, nous voici dans votre mois !
Mon cœur renaît à l'espérance ;
De la Mère du Roi des rois
J'ai déjà senti la présence.

Portez-lui donc mes plus doux chants,
Du mois de mai brise légère ;
A ses pieds, sur l'aile des vents,
Montez, montez, sainte prière :
Echo du vallon, chaque jour,
Répétez-lui mon saint cantique ;
Anges, dites-lui mon amour,
Dans votre langue séraphique.

Douce comme l'astre des nuits,
Bonne comme l'est une Mère,
Marie a calmé mes ennuis,
Et guéri ma douleur amère :
Je veux donc chanter à jamais
Ma céleste consolatrice,
Je veux exalter ses bienfaits
Et sa tendresse si propice.

Recevez aujourd'hui ma foi,
O mon aimable souveraine !
Si votre cher Fils est mon Roi,
Vous serez constamment ma Reine.
Après lui, régnez dans mon cœur,
O Vierge aussi bonne que belle !
Et conservez moi la ferveur,
Pour qu'à mon vœu je sois fidèle.

Nº 20. — II. Purification de Marie.

*Air de l'amandier, ou : Quoi! dans les temples
de la terre.*

Des mères l'honneur et l'exemple,
L'auguste Vierge d'Israël
S'empresse d'aller dans le temple
Pour rendre grâce à l'Eternel.
C'est en sa qualité de Mère,
Qu'elle visite le saint lieu ;
Ô chérubins du sanctuaire !
Saluez la Mère de Dieu.

La loi parle... aussitôt Marie,
Obéissant avec amour,
Au saint autel se purifie,
Quoique plus pure que le jour.
A cette loi, par privilége,
Vierge, ton cœur n'est pas soumis :
Peut-on purifier la neige ?
Ou rehausser l'éclat du lis ?

Pourquoi donc, comme une autre femme,
Viens-tu faire prier pour toi ?
La pureté de ta belle âme
Te met au dessus de la loi.
Ah ! je le vois, brillante étoile,
Dans ta profonde humilité,
Tu voudrais cacher sous ce voile
Ta divine maternité.

Mère de la grâce divine,
Tu voudrais à tout œil mortel
Cacher ta royale origine
Ainsi que les faveurs du ciel.

C'est pourquoi tes mains immortelles,
Pour racheter ton divin Fils,
N'offrent que les deux tourterelles
Qui des pauvres étaient le prix.

Avec ton Fils, divine Mère,
Daigne nous offrir au Seigneur;
Mieux que la nôtre, ta prière
Touchera son aimable cœur.
Vierge chaste, Vierge pudique,
Donne-nous ton esprit de foi,
Fais que comme toi, sans réplique,
Nous obéissions à la loi.

N° 21. — III. Invocation.

AIR : *Ave Maria! Car voici l'heure sainte.*

REFRAIN.

Ave Maria !
Redisons avec l'ange,
A sa louange,
'Ave Maria !

Là haut, Vierge bonne,
Les célestes chœurs,
Devant votre trône,
Chantent vos grandeurs.

Ici, sur la terre,
Vos enfants heureux,
Douce et tendre Mère,
Vous offrent leurs vœux.

Soyez l'espérance
Des pauvres pécheurs,
Car votre clémence
Rassure nos cœurs.

Soyez prévoyante
Pour les cœurs blessés ;
Montrez-vous clémente
Pour les trépassés.

Dirigez la voile
Du pauvre marin ;
Montrez-vous l'étoile
Du bon pélerin.

Votre amour si tendre,
Dans un cœur mortel,
Fait toujours descendre
La grâce du ciel.

Martyre au Calvaire,
Jésus y mourant,
Consolez la mère
Qui perd son enfant.

Protégez sans cesse
L'enfant au berceau,
Guidez la vieillesse
Qui touche au tombeau.

Montrez-vous la mère
Du pauvre orphelin,
Et, dans sa misère,
Donnez-lui du pain.

A l'heure dernière
Fermez-nous les yeux ;
Que votre prière
Nous ouvre les cieux.

SEPTIÈME JOUR.

N° 22. — I. Mois de Marie.

Air nouveau et connu.

Je t'attendais, mois de Marie,
Mois si joli, si gracieux ;
Je t'attendais, saison fleurie,
Pour t'offrir mes accords pieux.
J'ai salué ton arrivée,
Comme l'aurore des beaux jours ;
Mois de ma Mère vénérée,
Que ne peux-tu durer toujours !

Les fleurs dont la terre se pare,
Aimable Mère de Jésus,
C'est à bon droit qu'on les compare
A tes ravissantes vertus.
Que ces fleurs soient aussi le gage
De mes sentiments envers toi ;
Que leur parfum soit le langage
Qui te parle au nom de ma foi !

Que sur ton aile, ô mon bon ange !
Au ciel je monte chaque jour,
Pour me mêler à la louange
Qu'y reçoit la Mère d'amour :
Et que, de retour sur la terre,
Je mette toujours mon bonheur
A chanter cette tendre Mère,
A la faire vivre en mon cœur.

Bonne Vierge, dans cette vie,
Hélas ! pour moi tout est danger ;
Ne cesse donc, tendre Marie,
Ne cesse de me protéger.

Je connais quelle est ma faiblesse :
Mais toi, prends pitié de mon sort ;
Car celui que ta main délaisse
N'entrera jamais dans le port.

Je tremble pour mon innocence,
Au milieu de tant de combats ;
Vierge-Mère, sois ma défense,
Je viens me jeter dans tes bras.
Mon seul bonheur, sur cette terre,
Est de chanter à ton autel,
Fais qu'un jour, ô divine Mère !
J'aille te chanter dans le ciel.

N° 23. — II. Marie sur le Calvaire.

Traduction et air du Stabat Mater.

Stabat Mater dolorosa.
Devant la croix du Calvaire,
Droite était la pauvre Mère,
Et ses yeux fondaient en pleurs.

Cujus animam gementem.
Elle est toute désolée,
Et son âme est accablée
Par le glaive des douleurs.

O quam tristis et afflicta!
Oh ! que grande est la tristesse
Qui cruellement oppresse
La Mère du Roi des cieux !

Quæ mœrebat et dolebat.
Sa douleur est accablante,
Lorsque, sur la croix sanglante ;
Son Fils souffre sous ses yeux.

Quis est homo qui non fleret?

Qui pourrait, sans fondre en larmes,
Voir ses cruelles alarmes,
Et ses tourments inouis?

Quis posset non contristari?

Qui pourrait être insensible
A ce martyre terrible
Qu'elle souffre avec son Fils?

Pro peccatis suæ gentis.

C'est pour sauver le coupable,
Que son Fils tout adorable
Souffre ainsi jusqu'au trépas.

Vivit suum dulcem natum.

Elle voit par quel supplice
S'accomplit le sacrifice
Qu'il souffre pour des ingrats.

Eïa, Mater, fons amoris.

Mère d'amour, de clémence,
Fais-moi part de ta souffrance,
Unis mes pleurs à tes pleurs.

Fac ut ardeat cor meum.

Que l'amour de Dieu m'enflamme!
Et que toujours, dans mon âme,
J'en ressente les ardeurs!

Sancta Mater, istud agas.

O ma douce et sainte Mère!
Fais que ta douleur amère
Me pénètre jour et nuit.

Tui nati vulnerati.

Pour moi ton cher Fils expire,
C'est pour moi qu'on le déchire;
Je veux souffrir avec lui.

Fac me vere tecum flere.

Jusqu'à la fin de ma vie,
Fais-moi sentir, ô Marie!
Tes tourments et ta douleur.

Juxta crucem tecum stare.

Je veux, près de la croix sainte,
Du sang de ton Fils empreinte,
Comme toi fixer mon cœur.

Virgo virginum præclara.

Vierge que le ciel admire,
Fais-moi part de ton martyre,
Fais-moi pleurer avec toi.

Fac ut portem Christi mortem.

Que, dans mon âme souffrante,
La mort de Dieu soit présente,
Et nourisse ainsi ma foi!

Fac me plagis vulnerari.

Que, dans ses saintes blessures,
Ses profondes meurtrissures,
Je me cache entièrement!

Inflammatus et accensus.

Que l'amour divin m'enflamme!
Et qu'il protége mon âme
Au grand jour du jugement!

Fac me cruce custodiri.

Que ton Fils mort en victime,
En me lavant de mon crime,
Me rende pur à ses yeux!

Quando corpus morietur.

Qu'enfin mon âme épurée,
Du corps un jour séparée,
Règne avec lui dans les cieux!

Nº 24. — III. Invocation.

Air connu.

Douce Reine, Vierge Marie,
Recevez nos pieux accords ;
Recevez nos chastes transports,
O doux charme de notre vie !

REFRAIN.

Tendre Mère, brûlez nos âmes
De votre aimable et sainte ardeur ;
Consumez-les des vives flammes
Dont vous brûlez pour le Seigneur.

O Mère ! protégez sans cesse
Ceux qui se disent vos enfants,
Et qui, par leurs soins vigilants,
Veulent vous prouver leur tendresse.

Dirigez notre adolescence
Dans les sentiers de la vertu ;
Quand notre cœur est abattu,
Soyez sa force et sa défense.

Préservez-nous de tout naufrage,
En calmant les flots en courroux ;
Si vous êtes auprès de nous,
Nous pourrons défier l'orage.

Aux jours de la douleur amère,
Vous viendrez essuyer nos pleurs ;
Comblés de vos douces faveurs,
Nous jouirons d'un sort prospère.

HUITIÈME JOUR.

Nº 25. — I. Mois de Marie.

AIR : *Divin auteur de la nature.*

Nous saluons ta bienvenue,
Doux printemps, vainqueur des hivers ;
De bonheur notre âme est émue,
Nos cœurs s'échappent en concerts.
Beau mois de mai, ton influence
Imprime à tout le mouvement ;
Que ta gracieuse présence
Réveille notre sentiment !

Le tendre oiseau, sous la feuillée,
Redouble ses accents joyeux ;
De fleurs la terre est émaillée,
Rien ne ternit l'éclat des cieux.
Dans cette saison si prospère,
Tout semble au ciel nous transporter :
Tout nous parle de notre Mère,
Tout nous invite à la fêter.

Soir et matin, dans sa chapelle,
Accourons donc avec amour ;
Venons lui marquer notre zèle,
Venons lui faire notre cour.
De fleurs entourons son image,
Marions le lis au jasmin,
La primevère du rivage
Aux belles roses du jardin.

Auprès de cette Vierge pure,
Il faut que nos plus belles fleurs
Viennent étaler leur parure,
Et leurs gracieuses couleurs.

Elles ont un muet langage,
Qui lui parlera chaque jour ;
Elles lui diront de notre âge
La reconnaissance et l'amour.

O notre Mère très-clémente !
Recevez ces faibles présents ;
Prêtez une oreille indulgente
Aux vœux exprimés par nos chants.
Soyez à notre âme attendrie
Ce qu'est la rosée à la fleur,
Ce que d'une belle harmonie
Les tendres accords sont au cœur.

Lis du vallon, Rose mystique,
Nous vous invoquons à genoux ;
Nous chantons, mais notre cantique
N'est pas assez digne de vous.
Anges, prêtez-nous votre lyre,
Prêtez-nous surtout votre amour ;
Pour elle notre cœur désire,
Comme vous, brûler sans retour.

Nº 26. — II. Marie le jour de l'Ascension.

AIR : *Quelle est cette aurore nouvelle ?* ou bien :
Où va ma Mère bien-aimée ?

Le Sauveur, quittant cette plage,
Retourne au séjour immortel ;
Porté sur un léger nuage,
Il s'est élancé vers le ciel.
Pourquoi sa bienheureuse Mère
Ne s'élève pas avec lui ?
Elle le suivit au Calvaire ;
Pourquoi reste-t-elle aujourd'hui ?

Ouvrez-vous, portes éternelles,
Ouvrez-vous, céleste séjour;
Et vous, légions immortelles,
De l'Homme-Dieu formez la cour.
Mais laissez-nous sa sainte Mère,
Plus tard vous la réclamerez;
Elle est encore nécessaire
A ses enfants régénérés.

Le Tout-Puissant, le Roi de gloire
Rentre dans les sacrés parvis;
Anges, célébrez sa victoire,
Qu'à nos chants vos chants soient unis!
Mais vous, ô Vierge fortunée!
Restez pour calmer nos douleurs;
Et songez que l'Eglise est née
Du sang de Jésus, de vos pleurs.

Pourquoi vos yeux sont pleins de larmes?
Au ciel pourquoi les fixez-vous?
Daignez, Mère pleine de charmes,
Daignez les abaisser sur nous.
Votre Fils, à sa dernière heure,
Nous confiant à votre cœur,
En cette terrestre demeure
Crut adoucir votre douleur.

Nous savons, ô pieuse Mère!
Combien, loin du divin Jésus,
Votre douleur doit être amère,
Combien vos maux seront aigus.
Mais, à vos enfants de ce monde
N'enlevez pas votre soutien;
Car sur vous leur espoir se fonde,
Refuge assuré du chrétien.

Sur les ailes de la pensée,
Suivant votre Fils immortel,

Quoique parmi nous délaissée
Votre âme habite dans le ciel.
Si, comme vous, de cette vie
Nous méprisons la vanité,
Près de vous, ô douce Marie !
Nous vivrons dans l'éternité.

Nº 27. — III. Invocation.

Air : *En ce jour, ô sainte Madone.*

REFRAIN.

Dans ton cœur, ô Mère de grâce !
    Je me place
    Sans retour :
Pour toujours, ô Mère si bonne !
    Je te donne
    Mon amour.

Sois toujours, ô sainte patronne !
    Tendre et bonne
    Pour tes enfants :
Que jamais ton œil ne sommeille !
    Mais qu'il veille
    Sur tous nos sens !

Entretiens, au fond de notre âme,
    De ta flamme
    La sainte ardeur :
Pour toujours, Vierge révérée,
    Sois gravée
    Dans notre cœur.

Celui qui t'invoque et te prie,
    O Marie !
    Ne peut périr :
Car tu viens, avant qu'il expire,
    D'un sourire
    Le secourir.

Dans nos cœurs verse ta tendresse,
    Et, sans cesse,
    Veille sur nous :
C'est le bien que, du fond de l'âme,
    Je réclame
    A tes genoux.

Que ta main toujours nous soutienne
    Et devienne
    Notre rempart !
Quand l'enfer, redoublant d'audace,
    Nous menace
    De toute part.

A nos vœux, sainte protectrice,
    Sois propice
    Jusqu'à la mort :
Que, pour nous, alors ta prière,
    Bonne Mère,
    Ouvre le port !

NEUVIÈME JOUR.

Nº 28. — I. Mois de Marie.

AIR : *Bientôt finira-t-il l'orage ?*

De votre mois, ô Vierge pure !
J'ai salué l'heureux retour,
Cet heureux retour qui m'assure
Et vos bienfaits et votre amour.

REFRAIN.

A votre autel, Mère chérie,
J'ai senti tressaillir mon cœur :
Car, vous aimer, tendre Marie,
Voilà ma joie et mon bonheur.

Pendant ce mois, cueillons pour elle
Les plus belles fleurs du printemps :
Son indulgence maternelle
Sourit à ces faibles présents.

O Reine ! que mon cœur révère
Sur ce trône resplendissant ;
On dit que vous êtes ma Mère,
Et que vous aimez votre enfant.

S'il en est ainsi, je vous jure
De vous aimer jusqu'à la mort ;
De mettre en vous, ô Vierge pure !
Et mon espérance et mon sort.

Si mon amour simple et sincère
Vient à trouver grâce à vos yeux ;
S'il flatte votre cœur de Mère,
Je suis au comble de mes vœux.

Entre vos bras, pour que je meure,
Venez du séjour immortel ;
Et mon âme, à sa dernière heure,
Prendra son essor vers le ciel.

N° 29. — II. Marie le jour de la Pentecote.

AIR : *Elle a fui vers les cieux, chantez*

l'hymne nouvelle.

Déjà depuis dix jours, dans une humble retraite,
Les apôtres goûtaient le prix de la ferveur ;
Ils priaient en commun, et, Marie à leur tête,
Communiquant à tous sa foi vive et parfaite,
Ils attendaient l'Esprit-Consolateur.

Bientôt un vent fougueux ébranle le Cénacle,
Et des globes de feu se posent sur leurs fronts ;
Mystérieux symbole ! ineffable miracle !
L'Esprit-Saint, ne trouvant en eux aucun obstacle,
    Vient les remplir de ses précieux dons.

Timides jusques-là, les apôtres fidèles
En lions de Juda sont changés à l'instant ;
Les célestes ardeurs des flammes immortelles,
Dont ils ont ressenti les vives étincelles,
    Ont mis en eux l'amour le plus ardent.

Pleins d'un zèle nouveau, jusqu'aux confins du monde
Leurs mains, leurs faibles mains iront planter la croix.
Partout où l'homme vit, où la misère abonde,
Partout où l'ignorance est grossière et profonde,
    Bientôt, bientôt on entendra leur voix.

Toi, de l'Esprit divin Epouse glorieuse,
Marie, oh ! quels trésors tu reçus en ce jour !
Voltigeant sur ton front, la flamme radieuse,
De tous les dons du ciel source mystérieuse,
    Remplit ton cœur des feux du saint amour.

Obtiens que tes enfants, imitant ton exemple,
Suivent l'Esprit divin avec docilité.
Qu'ils soient tous, comme toi, dignes d'être son temple !
Et qu'enfin, plein d'amour, chacun d'eux te con-
    Au beau séjour de la félicité.   [temple

Nº 30. — III. Invocation.

AIR : *Le ciel est ma patrie.*

REFRAIN.   Ave, gratia plena !
            Salut ! ô perle d'Israël !
            Salut ! belle rose du ciel !
            Salut ! Vierge Marie.

Je tends les bras vers vous, Mère compatissante,
Pour que vous me couvriez d'un regard protecteur;
En vos divines mains, Reine auguste et clémente,
Pour mieux le conserver je dépose mon cœur.

Je ne fais que d'entrer au chemin de la vie,
Et le monde déjà m'étale ses appas.
Par plus d'un ennemi mon âme est assaillie,
Je suis faible, voyez, ne m'abandonnez pas,

On m'apprit votre nom dès ma plus tendre enfance,
Il est resté gravé dans le fond de mon cœur;
J'aime à le répéter ce nom plein d'espérance,
Il est tout mon soutien, il fait tout mon bonheur.

Du sceau de vos enfants marquez-moi, tendre Mère
Hors de Dieu, hors de vous, que pourrais-je vouloir?
Puis-je me contenter d'un bonheur éphémère?
J'aurai celui du ciel, vous m'en donnez l'espoir.

DIXIÈME JOUR.

N° 31. — I. Mois de Marie.

Air de Notre-Dame de la mer, Notre chant est sans mesure.

De ton mois, Vierge Marie,
Nous saluons le retour;
La nature rajeunie
Nous inspire un chant d'amour.

REFRAIN.

Chaque soir, dans ta chapelle,
Nous venons, avec bonheur,
Te chanter, ô Vierge belle!
Te consacrer notre cœur.

O Mère du Rédempteur !
Nous venons, avec bonheur ,
Te consacrer notre cœur.

Les oiseaux, par leur ramage ,
Portent ton nom vers le ciel;
Et chaque fleur du bocage
S'embellit pour ton autel.

Nous te tressons des couronnes ,
Symboles de tes vertus ;
Et de tes mains tu nous donnes
Les biens promis aux élus.

Veille sur nous, tendre Mère ,
Protège tous tes enfants ;
Adoucis notre misère
Par tes soins si vigilants.

Reine des chœurs angéliques ,
Nous embrassons tes genoux :
Ecoute nos saints cantiques
Et daigne prier pour nous.

Ton nom est doux, ô Marie !
Comme un luth harmonieux;
A la fin de notre vie ,
Attire-nous dans les cieux.

N° 52. — II. Assomption de Marie.

AIR : *Où va ma Mère bien-aimée.*

Cieux entonnez vos chants de fête,
Prenez vos luths harmonieux,
Et célébrez votre conquête,
Marie est rendue à vos vœux ?

Le corps de la Vierge très-pure,
De Dieu l'ouvrage le plus beau,
Ne doit pas ressentir l'injure
Ni la poussière du tombeau,

Ouvrez-vous, portes éternelles,
Portes du sublime séjour,
Anges, portez-la sur vos ailes
Dans le palais du saint amour;
Portez-la jusques sur le trône
Qui resplendit au haut du ciel,
Et que son divin Fils lui donne
Au pied de son trône immortel.

« Quelle est la mortelle intrépide,
Disent les esprits bienheureux,
« Qui fuit de son désert aride
« Et qui s'élève vers les cieux?
« Elle monte comme une flamme
« Qui brûle à l'autel du Seigneur;
« La joie inonde sa belle âme,
« L'amour fait palpiter son cœur. »

Anges, c'est votre souveraine,
La Mère du Divin Sauveur,
Venez entourer votre Reine,
Formez son cortége d'honneur,
Suivez le char de sa victoire,
Au bruit de vos plus doux concerts,
Chantez la puissance et la gloire
De la Reine de l'univers.

Elle s'élève, cette Mère,
Jusqu'au plus haut de tous les cieux;
Une auréole de lumiére
Orne son front majestueux.

Devant sa grandeur tout s'incline,
Tout la proclame, avec amour,
Chef-d'œuvre de la main divine,
Gloire du céleste séjour.

Vierge, du sein de la lumière
Daignez accueillir nos accents ;
Montrez-vous encor notre Mère
Et bénissez tous vos enfants.
Faites-leur chérir l'innocence
Comme le trésor le plus doux ;
Triomphez de leur inconstance,
Attirez-les auprès de vous.

Nº 55. — III. Confiance.

Air nouveau, ou : *Je vous salue, ô divine Marie.*

Mon cœur languit au désert de la vie,
Mais une voix, plus douce que le miel,
Me dit tout bas : Regarde la Patrie !
Sèche tes pleurs, suis-moi, je mène au ciel.

Ah ! c'est la voix de ma Mère divine
Qui me console en ce séjour mortel ;
Elle me dit : Quand vers toi je m'incline,
Sèche tes pleurs, suis-moi, je mène au ciel.

Lorsque je sens que la vie est amère,
Et que partout je ne trouve que fiel ;
Elle me dit : Ne suis-je pas ta Mère ?
Sèche tes pleurs, suis-moi, je mène au ciel.

Quand le démon, rugissant de furie,
Veut m'arracher de son cœur maternel ;
Elle me dit ; Au fond de ton cœur prie,
Sèche tes pleurs, suis-moi, je mène au ciel.

2*

De l'avenir, si mon cœur s'épouvante,
Si j'entrevois le sort le plus cruel ;
Elle me dit : J'apaise la tourmente,
Sèche tes pleurs, suis-moi, je mène au ciel.

Lorsque sur moi la main de Dieu se lève,
Lorsque je crains son courroux paternel ;
Elle me dit : J'arrêterai le glaive,
Sèche tes pleurs, suis-moi, je mène au ciel.

Et quand viendra mon heure la dernière,
En me montrant le séjour éternel ;
Elle dira : Lève les yeux, espère !
Sèche tes pleurs, suis-moi, je mène au ciel.

Volant alors vers la sainte patrie,
Je la verrai sur son trône immortel :
Mon cœur dira : C'est elle, c'est Marie!
Ah! plus de pleurs, je suis, je suis au ciel !!

ONZIÈME JOUR.

Nº 34. — I. Mois de Marie.

AIR : *De ses fleurs le Mois de Marie.*

Au retour du mois de Marie
Voyez les fleurs s'épanouir :
C'est pour notre Mère chérie
Que nos mains viendront les cueillir.
Nous lui dirons d'un cœur sincère :
« O notre douce et tendre Mère !
   « Recevez, avec ces fleurs,
« Les hommages de tous les cœurs. »

Votre mois, ce mois de mystère,
Nous dit, par son beau ciel d'azur,
Que, pour vous toucher et vous plaire,
Il faut vous offrir un cœur pur.

Mettez en nous, Mère de grâce,
Ce trésor que rien ne surpasse ;
     Que notre cœur sans retour,
Soit pur comme un rayon du jour.

Le parfum des vertes campagnes
En vapeurs monte vers les cieux ;
L'oiseau, caché dans les montagnes,
Gazouille ses airs gracieux.
Ce parfum et cette harmonie
Sont pour vous, ô tendre Marie !
     Vers vous ils montent au ciel,
Comme un hommage solennel.

Descendez vers nous, beaux archanges,
Communiquez-nous vos transports ;
Unissez-vous à nos louanges,
Mêlez vos voix à nos accords.
Célébrons notre souveraine,
Car elle est aussi votre Reine ;
     À vous, ô Mère de Dieu !
Gloire, honneur, respect en tout lieu !

Veillez sur nous, Vierge féconde,
Veillez sur nous la nuit, le jour.
Détachez notre cœur du monde,
Remplissez-le de votre amour.
Sans vous, la vie est bien amère :
Pour adoucir notre misère,
     Dans nos cœurs, du haut du ciel,
Versez un peu de votre miel.

Après les jours de cette vie,
Attirez-nous auprès de vous,
Pour que, dans l'heureuse patrie,
Nous contemplions vos traits si doux.

Au son de l'immortelle lyre,
Avec bonheur nous pourrons dire :
   « Gloire sans fin, sans retour,
« A la Mère du bel amour ! »

N° 35. — II. Couronnement de Marie.

AIR : *Courbés aux pieds de ton image.*

Enfants de la plus tendre Mère,
A la joie ouvrons notre cœur ;
Dieu l'investit de sa lumière
Et l'inonde de son bonheur.
Ils sont enfin finis pour elle,
Les jours de tristesse et d'ennui ;
Au sein de la gloire immortelle
Dieu veut l'avoir auprès de lui.

REFRAIN.

Mère d'amour, que le ciel même
Honore d'un respect profond,
Qu'il est brillant le diadème
Que ton Fils place sur ton front !

Une auréole éblouissante
Lui donne un éclat sans pareil ;
C'est une lumière brillante
Qui ferait pâlir le soleil.
Devant sa grandeur tout s'incline,
Elle est placée, au haut du ciel,
Sur un trône que seul domine
Le beau trône de l'Eternel.

Chérubins, et vous, purs archanges,
Tombez joyeux à ses genoux ;
Entourez-là de vos louanges,
Car elle est pure comme vous.

Grands patriarches et prophêtes,
Volez comme un essaim léger;
Vous aussi, saints anachorètes,
Près d'elle venez vous ranger.

Venez honorer votre Reine,
Apôtres, martyrs, confesseurs,
Montrez que votre Souveraine
Est digne de tous les honneurs.
A cette Vierge sans souillure,
Vierges, chantez des airs nouveaux;
Sur son front, que votre main pure
De vos lis place les plus beaux!

Puisque ton Fils, tendre Marie,
Te fait Reine de l'univers,
Ton nom sera, toute ma vie,
L'objet de mes plus doux concerts.
A te louer que tout conspire!
Que tout s'accorde à t'exalter!
Tout l'univers est ton empire,
Tout l'univers doit te fêter.

N° 56. — III. Confiance.

Air connu.

Dans ton amour, tendre Marie,
Oh! qu'on est heureux ici-bas!
Heureux, en toi qui se confie,
Et vient se jeter dans tes bras;

REFRAIN.

O céleste patronne!
Pour nous sois toujours bonne:
Viens à notre secours
Toujours, toujours.

Le monde nous offre ses charmes,
Afin de s'attirer nos cœurs :
Mais ses délices sont des larmes,
Et ses plaisirs sont des douleurs.

Le fier Satan rugit de rage,
S'efforçant de nous asservir :
Mais tu nous donnes du courage,
Avec toi l'on ne peut périr.

Aux jours de nos douleurs amères,
Tu viens sourire à notre cœur ;
Nous t'invoquons, et nos prières
Font renaître en nous le bonheur.

Comme des colombes timides,
Nous nous serrons auprès de toi ;
Tu nous protéges, tu nous guides,
Tu nous raffermis dans la foi.

Fais que nous t'aimions, ô Marie !
D'un amour sincère et constant ;
Afin qu'en la sainte patrie
Nous t'aimions éternellement.

DOUZIÈME JOUR.

Nº 37. — I. Mois de Marie.

Air de la petite balayeuse, Fille de parents indigents,
ou Salut à toi, mois bien-aimé.

Qu'il est charmant ce mois des fleurs,
Qui peint les traits de notre Mère !
Qu'elles sont vives ses couleurs !
Qu'elle est brillante sa lumière !

Tout semble flatter nos désirs,
Tout semble parler de Marie ;
Depuis l'haleine des zéphirs,
Jusqu'au parfum de la prairie.

Toute beauté s'évanouit
Devant tes traits, ô Vierge pure !
La fleur du matin se flétrit,
Et les champs perdent leur parure.
La rose est loin d'avoir l'odeur
Qui de ton chaste sein s'exhale,
Et les lis perdent leur blancheur
Près de ton âme virginale.

Qu'il est beau, par un ciel serein,
Le brillant lever de l'aurore !
Ton front, à l'éclat tout divin,
Est cent fois plus brillant encore.
Ton regard ravit le Seigneur,
Et d'un souris tu le désarmes ;
Ton nom calme toute douleur
Et tarit la source des larmes.

Illustre Vierge, ta grandeur
Ne peut être dite par l'homme ;
Ton Fils est notre Créateur,
Et l'univers est ton royaume.
La lune te sert d'escabeau,
Un bel arc-en-ciel est ton trône,
Le soleil forme ton manteau,
Douze étoiles sont ta couronne.

O toi ! qui règnes dans les cieux,
Au sein même de la lumière ;
Sur nous daigne jeter les yeux,
Ecoute notre humble prière.

Bénis tes enfants réunis
Autour de toi, dans ta chapelle,
O colombe du paradis !
Daigne les couvrir de ton aile.

Que tes maternelles faveurs
Tombent sur nous, Vierge féconde !
C'est pour que tu dotes nos cœurs
Qu'en biens ton âme surabonde.
Écoute nos faibles accents,
Mère d'amour, tendre Marie ;
Fais que nous poursuivions nos chants
Dans la bienheureuse patrie.

N° 38. — II. Gloire de Marie.

Air connu.

REFRAIN.

Allons au trône de Marie
De l'aurore à la fin du jour ;
Allons à la Vierge chérie
Offrir nos cœurs et notre amour.

Mère de Dieu, sainte Marie,
Je me prosterne à deux genoux
Devant ton image bénie ;
Prends pitié, prends pitié de nous.
Les cieux connaissent ta puissance,
L'ange prend son vol à ta voix ;
La terre invoque ta clémence,
En se soumettant à tes lois.

Dans ton cœur, ô Vierge clémente!
Je fixe à jamais mon séjour :
De là, je brave la tourmente
Sous l'égide de ton amour.
De là, comme d'un sûr rivage,
Je vois le pauvre voyageur
Lutter au loin contre l'orage,
Dont je ne crains point la fureur.

Daigne couvrir de ta tendresse
Tout homme qui souffre ici-bas;
Hélas ! tu connais sa détresse,
Mère, ne le délaisse pas.
Obtiens un jour exempt d'orage
Au navire quittant le port;
Au pélerin force et courage,
Aux malheureux un meilleur sort.

Obtiens la joie au cœur qui pleure,
Au blessé du soulagement;
Au voyageur une demeure,
Un peu de pain à l'indigent :
A tout pécheur la pénitence,
Au juste l'éternel séjour;
Au pauvre exilé l'espérance,
A tous ton véritable amour.

Si la prière qui t'implore
Arrive à ton cœur maternel,
La mienne vers toi, dès l'aurore,
Avec mes vœux s'élève aux ciel.
Exauce-la, Mère chérie,
Obtiens-moi tes belles vertus;
Ta pureté, ta modestie,
Et surtout l'amour de Jésus.

Nᵒ 59. — III. Confiance.

AIR : *J'aime Marie, et je suis aimé d'elle.*

J'aime Marie, et mon humble prière
Vers elle, au ciel, monte comme un encens ;
    Mon âme la révère
    Comme une tendre Mère :
Son cœur sourit à mes joyeux accents.

Que son amour pour mon cœur a des charmes !
Que son service a pour moi des douceurs !
    Elle tarit mes larmes,
    Et finit mes alarmes,
Je vois changer mes épines en fleurs.

Que tout l'enfer au monde se rallie
Pour me séduire, ou pour vaincre mon cœur !
    Un enfant de Marie
    En elle se confie,
Et du combat il sort toujours vainqueur.

Vit-on jamais un chrétien, sous son aile,
Sans nul retour s'égarer et périr ?
    De la voûte immortelle,
    Cette Vierge fidèle
Vient à propos l'aider à bien mourir.

Veille toujours, ô Mère douce et tendre !
Veille toujours sur tes enfants joyeux :
    Fais-leur toujours entendre,
    Et fais-leur bien comprendre
Que ton amour peut seul les rendre heureux.

Ah ! puissions-nous, autour de ton beau trône,
Nous voir, un jour, réunis dans les cieux !
    Devant toi, Mère bonne,
    Porter notre couronne,
Pour la placer sur ton front radieux !

TREIZIÈME JOUR.

Nº 40. — I. Mois de Marie.

Air connu.

Quand le printemps embaume la prairie,
Quand les jardins se couronnent de fleurs,
    Que tout s'écrie :
    « Vive Marie ! »
    Que tout publie
A jamais ses grandeurs !

C'est à ses pieds que l'on voit la couronne
De tous les saints, de tous les bienheureux :
    L'ange s'étonne
    De voir le trône
    Que Dieu lui donne
Au royaume des cieux.

Marie, ô toi ! qu'on nomme souveraine
Du Séraphin, de l'ange, du martyr ;
    Céleste Reine,
    Lune sereine,
    Pure fontaine
Et trône de saphir.

Tendre Marie, au milieu de l'orage,
Le nautonnier met son sort dans ta main ;
    Loin du naufrage,
    Sur le rivage
    Il rend hommage
A l'astre du marin.

Mère de grâce, au sein de la détresse,
En t'invoquant, on ne saurait périr ;
    Car ta tendresse
    Veille sans cesse,
    Toujours s'empresse
Aimant à secourir.

Je viéns t'offrir, ô Vierge toute belle !
Les fleurs des champs, interprêtes du cœur;
Fleur éternelle,
Rends-moi fidèle
A ce modèle
De naïve candeur.

Je sais qu'il faut t'imiter pour te plaire,
Que, de Jésus tu peux tout obtenir;
Sois donc ma Mère
A jamais chère,
Car sur la terre
Doux est ton souvenir.

D'un seul rayon de ta gloire immortelle
Rends nos cœurs purs, dociles, innocents;
Dans ta chapelle,
L'âme rebelle
Se renouvelle
En t'offrant de l'encens.

Du haut du ciel, auguste protectrice,
Veille sur nous, et la nuit et le jour;
Ta main propice
Tire du vice;
Qu'elle bénisse
Notre serment d'amour !

Ah ! puissions-nous, Mère tendre et chèrie,
Aller te voir au séjour éternel !
Douce Marie,
Je t'en supplie,
Après la vie.
Attire-nous au ciel.

Nº 41. — II. Gloire de Marie.

Air connu.

Unis aux concerts des anges,
Célébrons, dans ce saint jour,
Les vertus et les louanges
De notre Mère d'amour.

REFRAIN.

De Marie
Qu'on publié
Et la gloire et les grandeurs !
Qu'on l'honore !
Qu'on l'implore !
Qu'elle règne sur nos cœurs !

Elle est la brillante aurore
Du jour qui n'a pas de soir ;
Et, dans le cœur qui l'implore,
Elle fait naître l'espoir.

C'est l'étoile radieuse
Qui scintille le matin ;
Et qui, sur la mer houleuse,
Guide le pauvre marin.

C'est la belle tour d'ivoire,
Ferme soutien d'Israël ;
C'est la Vierge dont la gloire
Embellit même le ciel.

Elle est la rose mystique
Qui charma l'œil du Seigneur,
Elle est la fleur séraphique
Qui parfume notre cœur.

C'est la Mère la plus tendre,
Car on dit qu'elle est tout cœur ;
Et qu'on ne saurait comprendre
Combien grande est sa douceur,

Qui jamais, dans la détresse,
Vers elle leva les yeux,
Et n'obtint de sa tendresse
Un secours mystérieux ?

Mettons donc notre espérance
Dans son amour maternel :
Un jour, grâce à sa clémence,
Nous la chanterons au ciel.

Nº 42. — III. Confiance.

AIR : *O toi! ma compagne fidèle.*

Marie! ô nom trois fois aimable !
Nom plein de douceur,
D'amour, de candeur !
Marie! assemblage ineffable
Des belles vertus
Que chérit Jésus !
Nous plaçons nos cœurs
Aux pieds de ton trône,
Comme une couronne
De vivantes fleurs.

REFRAIN.

O Reine des cieux !
Souris à nos vœux ;
Que nos chants et notre prière
S'élèvent, par toi,
Aux pieds du grand Roi !
Ton cœur est le cœur d'une Mère :
A toi notre amour,
Nos cœurs sans retour.

A tes pieds quand notre âme exhale
    D'un amour constant
    L'hommage touchant,
Bonne Mère ! alors rien n'égale
    De notre bonheur
    Le prix, la douceur.
    Il n'est ici-bas
    Rien de comparable ;
    Mais l'homme coupable
    Ne le comprend pas.

Marie ! on te dit le refuge
    Du pauvre pécheur ;
    On dit que ton cœur
Entre le coupable et son juge
    S'interposera
    Et le sauvera.
    Cela nous conduit
    Auprès de ton trône ;
    Car vois : le ciel tonne,
    Déjà l'éclair luit !...

Mais non ; la terreur serait vaine
    Ici près de toi :
    Les siècles font foi
Que tes serviteurs, grande Reine,
    Peuvent bien souffrir,
    Mais non pas périr.
    Serait-ce aujourd'hui
    Qu'une âme oppressée,
    Par toi délaissée,
    Mourrait sans appui ?

Quoique à tes pieds, les purs archanges
    Chantent tes grandeurs ;
    De nos simples cœurs
Ne dédaigne pas les louanges.

O porte du ciel !
Arche d'Israël,
Guide notre sort;
Sur la mer du monde,
Si l'orage gronde,
Conduis-nous au port.

QUATORZIÈME JOUR.

N° 43. — I. Mois de Marie.

Air connu.

Beau mois de mai ! sois pour nous sans nuage,
Charme nos yeux de ton beau ciel d'azur :
Que ta beauté nous retrace l'image
De notre Reine et de son cœur si pur !

REFRAIN.

Ciel ! ciel ! oh : quel bonheur !
Oui, je le vois, c'est ma Mère !
Ciel ! ciel ! oh ! quel bonheur !
Je la révère et lui donne mon cœur.
Oh ! quel bonheur !
Quelle douceur !
Oh ! quel bonheur !

Que tes concerts nous disent sa tendresse !
Que tes parfums nous disent ses bienfaits !
Que tes échos lui répètent, sans cesse,
Que nous voulons la chérir à jamais !

Oh ! qu'il est doux d'être au pied de ce trône !
De révérer ce sceptre protecteur !
Reine du ciel, si l'éclat t'environne,
Ton doux souris rassure le pécheur.

De nos jardins la rose la plus belle
Bientôt, hélas ! s'effeuille sous nos doigts ;
Nous voulons donc décorer ta chapelle
Des fleurs du ciel qu'on cueille en ton beau mois.

Nous t'offrirons des cœurs purs et sincères,
Une âme chaste et riche de vertus :
Ces fleurs au moins ne sont point éphémères ;
Le temps leur donne une beauté de plus.

Telle sera, ma Mère, la guirlande
Que tes enfants tresseront sur ton cœur :
Et toi, pour prix de leur pieuse offrande,
Tu daigneras les offrir au Seigneur.

Nº 44. — II. Gloire de Marie.

AIR : *A la Mère de Dieu.*

REFRAIN.

A la Reine des cieux
Chant de triomphe et de victoire !
En tout temps, en tous lieux
Honneur, respect, amour et gloire
A la Reine des cieux !

CHANT.

Ton nom est vénéré du couchant à l'aurore ;
Ton Fils est mon Sauveur :
On l'adore,
Toi l'on t'implore,
Belle Aurore
Annonçant le jour du Seigneur.
De ta puissance
L'univers est rempli ;
Le ciel est embelli
De ta douce présence ;
Et, quand mon cœur est attendri,
C'est un effet de ta clémence.
A la Reine, etc.

Hélas ! pour tes enfants, quand la vie est amère,
Leur cœur espère,
Quand ils viennent, ô Mère !
A ton autel.
Et quand l'orage
Semble fondre sur eux, ils reprennent courage
En se cachant dans ton sein maternel.
De là, Marie,
Ils ont le ferme espoir qu'à la fin de la vie
Ils voleront un jour au ciel.

Nº 45. — III. Confiance.

Air connu.

Dans ce triste pélerinage,
Marie est un baume à mon cœur ;
Son nom me donne du courage,
Sa voix adoucit ma douleur.
Si sur moi gronde la tempête,
La mort ne saurait m'approcher :
Car Marie étend sur ma tête
Son manteau bleu pour me cacher.

Hélas ! pour nous, combien la vie
Serait malheureuse ici-bas,
Si nous ne vous avions, Marie,
Près de nous, dans tous nos combats ?
Mais, sensible à notre misère,
Mû par un amour des plus beaux,
Dieu voulut nous donner sa Mère
Comme un remède à tous nos maux.

C'est une Mère d'espérance,
C'est la Mère du bel amour ;
Elle garde notre innocence,
Et les cœurs purs forment sa cour.
Si je souffre, elle me console ;
Elle rend le calme à mon cœur :
Car son nom seul est le symbole
Et de la paix et du bonheur.

Quand le monde cherche à me rendre
L'humble esclave de ses faveurs,
Cette Mère me fait comprendre
Que ces biens sont faux et trompeurs.
Près d'elle alors sa voix m'appelle,
Et moi, j'y cours d'un pas léger :
Je viens, à l'ombre de son aile,
Me mettre à l'abri du danger.

Mère aimable, auguste Marie,
Je vous le promets à genoux ;
Jusqu'au dernier jour de ma vie,
Mon cœur sera toujours à vous.
Oui, mon désir est de vous plaire ;
Pour vous je veux vivre et mourir :
Vous aurez ainsi, tendre Mère,
Mon premier, mon dernier soupir.

C'est bien alors, qu'exempts d'alarmes
Mes jours s'écouleront en paix :
Mon cœur goûtera mille charmes
A recueillir vos doux bienfaits.
C'est alors que mon âme heureuse
Pourra dans ces terrestres lieux,
Chanter la Vierge glorieuse,
Et la chanter, un jour, aux cieux.

QUINZIÈME JOUR.

N° 46. — I. Mois de Marie.

AIR : *Du séjour des élus les portes éternelles.*

Dans ce beau mois des fleurs, que nos lyres fidèles
Consacrent de leurs chants le plus beau, le plus
[doux,
Pour célébrer en chœur une fleur des plus belles,
Une fleur qu'on devrait ne chanter qu'à genoux.

Les anges, nuit et jour, de la fleur bien-aimée
Protègent le calice éclatant de blancheur ;
Et les vents du désert, en vapeur parfumée,
Jusqu'au plus haut des cieux font monter son
[odeur.

Elle fleurit le jour qui vit naître Marie,
Trésor sur son berceau par un ange apporté :
La Vierge à la soigner passa toute sa vie,
Et la fleur s'appela fleur de Virginité.

Belle fleur ! dans mon âme, ah ! viens prendre
De ton parfum céleste enivre mon esprit ! [racine,
A l'heure de ma mort, je veux, ô fleur divine !
Te présenter à Dieu qui t'aime et te chérit.

Toi qui nous apportas cette fleur si nouvelle
Des beaux jardins du ciel et de ses champs d'azur;
Sublime Séraphin ! couvre-la de ton aile,
Protège-la toujours de tout contact impur.

Bonne et tendre Marie, ô toi ! qui la première
Cultivas sur la terre une si belle fleur,
Daigne veiller sur elle, ô Vierge, notre Mère !
Qu'elle fleurisse en paix au milieu de mon cœur !

Nº 47. — II. Gloire de Marie.

Air connu.

Je vous salue, auguste et sainte Reine,
Dont l'ange, au ciel, admire la grandeur;
Après Jésus, régnez en souveraine
Sur tout mon être et surtout dans mon cœur,

Oh! qu'il m'est doux de chanter vos louanges,
De consacrer ma vie à vous servir!
Vous recevez les hommages des anges :
J'ai bien plus qu'eux sujet de vous bénir!

De vos bienfaits vous me comblez sans cesse,
Vos tendres soins environnent mes jours :
A votre cœur jamais je ne m'adresse,
Sans ressentir votre puissant secours.

On l'a bien dit, et tout me le constate,
Le monde, hélas! est un vallon de pleurs;
Reine du ciel, sur cette terre ingrate,
Votre amour seul fait germer quelques fleurs.

Quand nous craignons, vous chassez nos alarmes;
Quand nous souffrons, vous calmez nos soupirs;
Quand nous pleurons, vous étanchez nos larmes;
Quand nous mourons, vous comblez nos désirs.

Veillez sur nous, aimable protectrice,
Veillez sur nous, en tout temps, en tout lieu;
Au ciel, un jour, si vous m'êtes propice,
J'irai vous voir, sainte Mère de Dieu.

Nº 48. — III. Confiance.

Air connu.

Bientôt finira-t-il l'orage
Qui me tient éloigné du port?
Faudra-t-il subir le naufrage
Et les étreintes de la mort?

REFRAIN.

Sans toi, que la vie est amère !
Que de peines ; que de combats !
Vierge Marie, ô tendre Mère !
Je viens me jeter dans tes bras.

Mille dangers qui m'environnent
Me font frémir à chaque instant !
Si tes tendres soins m'abandonnent,
Que va devenir ton enfant ?

Je suis toujours dans des alarmes
Dont rien ne peut me consoler ;
A tout instant je sens les larmes
De mes yeux prêtes à couler.

La nuit, le jour ô Mère aimable !
Je surprends mon cœur à gémir ;
Et je serais inconsolable,
Si je n'avais ton souvenir.

Mais je goûte un sort plus prospère,
Quand je suis près de ton autel :
Ta douce voix me dit : Espère !
Et ta main me montre le ciel !

Ta bouche trouve des paroles
Qui viennent tout droit à mon cœur :
Et d'un seul mot tu me consoles
De la plus poignante douleur.

Je voudrais, ô bonne Marie,
Libre d'ennuis et de soucis,
Oui, je voudrais passer ma vie,
Et mourir dans ces lieux bénis.

Auprès de toi, divine Mère,
Le cœur triomphant et joyeux,
J'aurais le bonheur de la terre,
Puis viendrait le bonheur des cieux.

SEIZIÈME JOUR.

Nº 49. — I. Mois de Marie.

AIR : *Divin cœur de Marie.*

Beau mois de notre Mère,
Gracieux mois des fleurs !
Salut à ta lumière,
A tes mille couleurs !
Notre Reine immortelle
Est belle comme toi ;
Elle est encor plus belle,
Aux yeux de notre foi.

Que toutes tes journées
Brillent d'un ciel serein !
Nos âmes fortunées
Béniront leur destin.
De notre Mère aimante
Tu nous rediras mieux
La beauté ravissante
Et les dons précieux.

Tu règnes, ô Marie !
Dans le sein des douceurs ;
Et nous, en cette vie,
Nous vivons dans les pleurs.
Souviens-toi, tendre Mère
De tes enfants chéris ;
Charme notre misère
Par un de tes souris.

Ta prière puissante
Peut faire des élus ;
Mère compatissante,
Offre-nous à Jésus.

Ton Fils, sur le Calvaire,
Et du haut de sa croix,
Te nommant notre Mère,
Te légua tous ses droits.

Doux charme de la vie,
Mère du bel amour,
Dans l'heureuse patrie
Que je te voie un jour !
Cette douce espérance
Qui repose en mon cœur,
Me fait goûter d'avance
Le plus parfait bonheur.

Sur ton sein, tendre Mère,
Je veux vivre et mourir :
Te chérir et te plaire
Sera mon seul désir.
Si mon âme infidèle
Doit trahir son serment,
Fais que, dans ta chapelle,
Je meure en ce moment.

N° 50. — II. **Gloire de Marie sur la terre.**

Air : *Par les chants les plus magnifiques.*

Reine du ciel, votre mémoire
Est partout gravée à grands traits ;
Tout semble chanter votre gloire,
Tout semble dire vos bienfaits.
Vous n'usez de votre puissance
Que pour le bonheur des mortels,
Et partout la reconnaissance
Vous a consacré des autels.

J'aperçois partout des chapelles,
Où, pour vous brûle un encens pur ;
Depuis nos cités les plus belles,
Jusqu'au hameau le plus obscur ;

Sur le sommet de nos montagnes,
Dans les vallons de nos déserts,
Au milieu des vertes campagnes,
Et sur le rivage des mers.

Les rois vous prennent pour patronne,
Pour arbitre de leurs combats,
Ils vous consacrent leur couronne,
Et leur famille el leurs états.
Quand l'ennemi fond sur leurs terres,
À vous, Marie, ils ont recours,
Et bientôt leurs troupes guerrières
Triomphent par votre secours.

Le vieillard, au bord de la tombe,
Vous invoque, avant de mourir ;
Et de l'enfant, douce colombe,
Vous embellissez l'avenir.
Vous êtes, dans le noir orage,
L'étoile du pauvre marin,
Vous faites naître le courage
Sur la route du pélerin.

Le matin, dès l'aube naissante,
Le soir, quand le jour va finir,
La jeune mère vous présente
Son cher nourrisson à bénir.
Par vos mains la vierge se donne
Au céleste Epoux, votre Fils,
Elle vous tresse une couronne
De roses blanches et de lis.

Et nous dans ce doux sanctuaire,
Nous demandons, avec bonheur,
Un de ces sourires de Mère
Qui font les délices du cœur.
Vers vous s'élèvent nos cantiques,
Pour vous témoigner notre amour ;
En attendant qu'aux saints portiques
Nous allions vous chanter un jour.

N° 51. — **III. Amour filial.**

AIR : *Aimer Marie, c'est mon désir.*

REFRAIN. Aimer Marie
De tout mon cœur,
Aimer Marie,
Toute ma vie,
O vrai bonheur !

Qu'il est heureux celui qui l'aime,
Et qui lui consacre son cœur !
Il jouit de la paix suprême,
Du ciel il goûte le bonheur.
Je veux donc l'aimer et lui plaire,
Avoir pour elle un cœur d'enfant ;
Trop heureux que son cœur de mère
Daigne accueillir mon doux serment.

Elle est pour mon âme attendrie
Plus douce qu'un rayon de miel ;
Elle sourit quand je la prie
Et son doigt me montre le ciel.
Lorque en mon cœur souffle l'orage,
Je cours vers elle avec effroi :
Elle me donne du courage,
En étendant sa main sur moi.

Elle est belle comme l'aurore
Qui brille dans un ciel d'azur :
Que dis-je ? elle est plus belle encore,
Plus radieux est son cœur pur.
L'ange lui-même, au ciel, admire
Sa ravissante majesté ;
La langue humaine ne peut dire
Quelle est sa gloire et sa beauté.

Elle est Reine, Reine puissante
Et sur la terre et dans les cieux ;
Elle est surtout douce et clémente
Pour tous ses enfants malheureux.
Invoquons-la dans la tristesse,
Dans les peines, dans le malheur,
Et les effets de sa tendresse
S'épancheront dans notre cœur.

Veillez sur moi, Vierge si bonne,
Veillez sur moi, dans le danger ;
Que votre bras, sainte Patronne,
Se lève pour me protéger.
Attirez-moi, tendre Marie,
Près de vous, au séjour divin,
Dans cette charmante patrie,
Où se chante l'hymne sans fin.

DIX-SEPTIÈME JOUR.

N° 52. — I. Mois de Marie.

AIR : *Bénissons à jamais.*

REFRAIN.

Nous unissons nos voix,
O Mère du Roi des rois !
Nous unissons nos voix,
Pour chanter votre beau mois.

Ce mois, le plus aimable,
Le plus beau, le plus doux,
Est consacré pour vous !
Quoi de plus convenable ?

La terre rajeunie
Sort comme d'un tombeau :
Portons un cœur nouveau
A l'autel de Marie.

La riante nature
Etale sous nos yeux,
Ses bouquets gracieux,
Ses tapis de verdure.

O Vierge bien-aimée !
Vers vous, la fleur des champs
Lance, comme un encens,
Sa vapeur parfumée.

Par leur joli ramage,
Les oiseaux de nos bois
Celèbrent votre mois,
Et vous rendent hommage.

C'est la saison nouvelle,
La saison des vertus ;
La Mère de Jésus
Nous appelle auprès d'elle.

Célébrons ses louanges,
Chantons-la chaque jour ;
Rivalisons d'amour
Avec les chœurs des anges.

Dans sa sainte chapelle,
Quand nous venons la voir,
Offrons-lui, chaque soir,
Un cœur pur et fidèle.

N° 53. — II. Marie notre Mère.

Air : *Je suis la bergère fidèle.*

« Je suis votre divine Mère
 « Qui veux faire votre bonheur ;
 « Mille ennemis vous font la guerre
 « Venez vous placer dans mon cœur. »
        Que la divine Mère
            Nous soit chère !
Montrons-nous ses enfants pieux.
        Qui l'aime et la révère
        Est assuré d'être heureux.

REFRAIN.
    O Mère si bonne !
    Vous faites mon bonheur :
    Pour toujours je vous donne
    Mes biens, mon âme et mon cœur.

« De tout l'enfer et de sa rage,
 « Je vous défendrai sûrement,
 « Si de votre cœur j'ai le gage
 « Et si vous m'aimez tendrement. »
        Que la divine Mère
            Nous soit chère !
Aimons-la sans fin, sans retour,
        A tout elle préfère
        Le tribut de notre amour.

« Je vous rendrai vainqueurs du monde
 « Qui conspire aussi contre vous ;
 « Si votre espoir en moi se fonde,
 « Trouvant mon amour assez doux. »
        Que la divine Mère
            Nous soit chère !
Dans tout les temps, dans tous les lieux !
        Marchons à sa lumière
        Qui nous guide vers les cieux.

« Je garderai votre innocence,
« Comme on garde une rare fleur;
« Et le Dieu qui chérit l'enfance
« Se complaira dans votre cœur. »
  Que la divine Mère
   Nous soit chère !
Près d'elle allons nous abriter !
  Là notre cœur sincère
  N'a plus rien à redouter.

« Je vous protègerai sans cesse,
« Et j'adoucirai tous vos maux,
« Si vous trouvez que ma tendresse
« Suffit pour donner le repos. »
  Que la divine Mère
   Nous soit chère !
Puisqu'elle-même nous chérit !
  Que notre âme soit fière
  De voir qu'elle nous sourit !

« Aimez-moi, toute votre vie,
« Ne me manquez jamais de foi ;
« Un jour, dans la sainte patrie,
« Je vous placerai près de moi. »
  Que la divine Mère
   Nous soit chère !
Restons dans son cœur maternel :
  Ne cherchons qu'à lui plaire
  Pour l'aimer un jour au ciel.

Nº 54. — III. Amour filial.

AIR : *O Mère chérie, place-moi.*

REFRAIN. O Mère chérie !
  Vos enfants
  Vous consacrent leur vie.
  Et leurs chants.

O Mère chérie!
Vos enfants
Vous proclament bénie
En tout temps.

Vous que l'on dit plus belle que l'aurore,
Vous que chacun doit prier à genoux :
Avec bonheur notre âme vous implore,
Reine du ciel, priez, priez pour nous.

Comme un enfant sous les yeux de sa mère,
Vit sans effroi, ne craint aucun danger,
Ainsi notre âme, en vous, Marie, espère :
Que votre main daigne la protéger !

Nous consacrons, Vierge sainte à vous plaire,
Nos derniers jours, comme nos premiers ans :
Toujours, toujours vous serez notre Mère,
Toujours, toujours nous serons vos enfants.

Heureux le cœur à son serment fidèle !
Car il aura paix et félicité :
Un jour, au ciel, la couronne immortelle
Ceindra son front, radieux de clarté.

Mais ce serment, si notre cœur volage
Devait, hélas ! quelque jour le trahir :
Ne souffrez pas, ô Mère ! un tel outrage,
Changez ce cœur, ou faites-nous mourir.

Puisse plutôt, puisse notre tendresse
Payer vos soins du plus juste retour !
Oui, puissions-nous vous vénérer sans cesse,
Vivre et mourir dans votre saint amour !

DIX-HUITIÈME JOUR.

Nº 55. — I. Mois de Marie.

AIR : *C'est le nom de Marie.*

REFRAIN.

C'est le mois de Marie,
C'est le mois le plus beau !
A la Vierge chérie
Chantons un air nouveau.

Ce mois plein de mystère,
Par ses charmants attraits,
Semble de notre Mère
Nous dépeindre les traits.

Dans la voûte étoilée,
Au brillant fond d'azur,
Je la vois signalée
La Vierge au cœur si pur.

Qu'elle est belle l'aurore
Qui colore les cieux !
Marie efface encore
Son éclat radieux.

Entr'ouvrant sa corolle,
Le lis, par sa blancheur,
Est à peine un symbole
De sa belle candeur.

La rose épanouie,
Cette reine des fleurs,
Nous dépeint de Marie
La beauté, les grandeurs.

La vapeur embaumée
Qu'on sent au point du jour,
Est bien moins parfumée
Que la Mère d'Amour.

Dans ta sainte chapelle,
En apportant nos fleurs,
Nous voulons, Vierge belle,
Mériter tes faveurs.

Nº 56. — II. Marie notre Mère.

Air connu.

REFRAIN.

Quelle est celle qui, vers la terre,
Avec amour tient ses bras élancés ?
Ah ! je le vois, je le vois, c'est ma Mère !
Mon cœur, mon cœur me le dit assez.

Le lis dont la blanche corolle
Exhale la plus douce odeur,
Est à peine un faible symbole
De tous les charmes de son cœur.

On la dit semblable à l'aurore
Qui brille dans un ciel serein ;
Mais elle est bien plus belle encore,
Plus pur est son front tout divin.

Auprès de cette Vierge pure,
Les cieux se trouvent sans beauté ;
Et la ravissante nature
Auprès d'elle est sans majesté.

Elle est le plus parfait ouvrage
Sorti des mains du Créateur ;
Elle est un heureux assemblage
Et d'innocence et de grandeur.

5*

Doux appui de notre espérance,
O Mère de grâce et d'amour !
Heureux celui qui, dès l'enfance,
Se consacre à vous sans retour !

Dans votre cœur, Vierge clémente,
Je veux vivre jusqu'à la mort :
Là, je braverai la tourmente,
Et je me croirai dans le port.

N° 57. — III. Amour filial.

Air connu.

REFRAIN.

Tendre Marie,
Mère chérie,
Reçois mes vœux
Joyeux;
Douce patronne,
Vierge si bonne,
Attire-moi
Vers toi.

Tu fus pour moi toujours si tendre,
Et si pressant fut ton amour,
Que je dûs enfin le comprendre
Et mon cœur t'aima sans retour.

Le monde, à la voix séduisante,
M'offrit son bonheur d'un instant;
Mais, dans mon cœur, ta voix touchante
Me disait : « Oh ! viens ! mon enfant ! »

Je te pris dès lors pour partage,
Et je te consacrai mon cœur :
C'est ton amour qui, d'âge en âge,
Fera mon unique bonheur.

Serre de plus en plus la chaîne
Qui m'unit à Jésus, par toi;
Sois toujours mon auguste Reine!
Que ton Fils soit toujours mon Roi!

Dans tous les dangers de la vie,
Du ciel tu me tendras les bras;
Et mon cœur, ô Vierge bénie!
Sortira vainqueur des combats.

Je veux toujours, ô tendre Mère,
Rester dans ton cœur maternel;
Je veux y vivre sur la terre,
Et de là, m'envoler au ciel.

DIX-NEUVIÈME JOUR.

Nº 58. — I. Mois de Marie.

AIR : *Vierge sainte, Rose vermeille.*

Qu'il est beau ton mois! ô ma Mère!
Qu'il a de charmes à mes yeux!
Quelle est brillante sa lumière!
Que ces parfums sont précieux!
A toi les fleurs de la prairie,
A toi nos chants de tous les jours :
Nous voulons t'aimer, ô Marie!
    Toujours, toujours, toujours.

Ton nom, dans la fraîche charmille,
Est l'objet de mille concerts;
Et l'alouette si gentille
Le chante jusqu'au haut des airs.
Serions-nous seuls sans harmonie?
Méconnaîtrions-nous tes bienfaits?
Nous t'oublier! tendre Marie,
    Jamais, jamais, jamais!

Parmi les feuilles tremblotantes,
Le zéphir murmure ton nom,
Et mille fleurs éblouissantes
L'ont imprimé sur le gazon.
Tendre Mère que tout publie,
A toi nos chants de tous les jours :
Nous voulons t'aimer, ô Marie !
    Toujours, toujours, toujours !

L'onde, par son léger murmure,
Te chante sur son lit mousseux ;
Et pour toi, toute créature
A des concerts mystérieux.
Nous seuls, qui te devons la vie,
Méconnaîtrions-nous tes bienfaits !
Nous t'oublier ! tendre Marie,
    Jamais, jamais, jamais !

Reine du ciel, aimable Mère,
Daigne sourire à tes enfants ;
Prête l'oreille à leur prière,
Ecoute leurs faibles accents.
A toi nos cœurs, Vierge chérie,
A toi nos chants de tous les jours :
Nous voulons t'aimer, ô Marie !
    Toujours, toujours, toujours !

Nos ennemis, remplis de rage,
Et jaloux de notre bonheur,
Veulent ravir notre héritage
Et nous arracher de ton cœur.
Mais, transfuges de la patrie,
Méconnaîtrions-nous tes bienfaits :
Nous t'oublier ! tendre Marie,
    Jamais, jamais, jamais !

Nº 59. — II. Marie notre Mère.

AIR : *Salut, ô Vierge immaculée.*

Mère de la divine grâce,
Au cœur si pur et si serein,
En bonté rien ne te surpasse,
Jamais on ne t'invoque en vain.

REFRAIN.

De tes enfants exauce les prières,
Du haut des cieux daigne les protéger ;
Mère bénie entre toutes les Mères,
Veille sur nous à l'heure du danger.

Le monde, par ses artifices,
Cherche à captiver notre cœur ;
Il nous présente ses délices,
Leur donnant le nom de bonheur.

Satan voudrait, dans sa folie,
Nous éloigner de la vertu ;
En toi notre âme se confie,
Et Satan sera confondu.

Tu vois quelle est notre détresse,
Hâte-toi de nous secourir ;
Veille sur nous, veille sans cesse,
Dans le présent, dans l'avenir.

Daigne sur nous, Vierge fidèle,
Etendre ton bras protecteur,
Et c'est à l'ombre de ton aile
Que nous goûterons le bonheur.

Nº 60. — III. Amour filial.

AIR : *Ange fidèle dont la tutelle.*

Vierge fidèle,
Dans ta chapelle
Qu'on est heureux !
Qu'on est joyeux !
Je t'en supplie,
Prête l'oreille à mes accents ;
Tendre Marie,
Reçois et mes vœux et mes chants.

REFRAIN.

Je ne puis dire
Ce que mon cœur m'inspire ;
Je t'aime tant ! (*bis.*)
Accueille avec un doux sourire
Les transports de ton enfant.

Tu sais, ma Mère,
Que, sur la terre,
Tout mon bonheur
Est dans ton cœur.
Quand je te prie
Je sens en moi naître l'espoir :
Douce Marie,
Oh ! qu'il me tarde de te voir !

Vois de mon âme
La vive flamme ;
Mère d'amour,
Que, dans ce jour,
Ta main bénie
Recueille mes tendres soupirs !
Bonne Marie,
Reçois mes souhaits, mes désirs.

Celui qui t'aime
Est par là-même
Cher au Seigneur
Au Dieu Sauveur :
Car le Messie,
Qui de ton sein reçut le jour,
Par toi, Marie,
Veut arriver à notre amour.

Le bel Archange
Dit ta louange
Aux saints parvis
Du paradis.
Heureuse vie
Où l'on te célèbre sans fin !
Vierge Marie,
Quand m'unirai-je au chœur divin ?

Ici, tout passe,
Et tout s'efface
Dans la douleur,
Dans la langueur.
Sainte Patrie,
Quand viendra ton jour éternel ?
Près de Marie,
Quand chanterai-je dans le ciel ?

VINGTIÈME JOUR.

Nº 61. — I. Mois de Marie.

Air nouveau, ou bien *Air de la Normandie*,
Quand tout renaît à l'espérance.

Quand l'hiver, au manteau de glace,
A disparu de nos climats ;
Quand le printemps, prenant sa place,
A dissipé les noirs frimas ;

Quand la nature rajeunie
Semble palpiter de bonheur,
Nous entrons au mois de Marie,
De celle à qui j'ai consacré mon cœur.

Beau mois que partout l'on révère,
Qui pourra me peindre tes traits?
Qui dira ta vive lumière?
Qui racontera tes attraits?
Et tu n'as pas une harmonie,
Tu n'as pas une seule fleur
Qui ne soit une hymne à Marie,
A celle à qui j'ai consacré mon cœur.

O toi! que le printemps ramène,
Chantre précurseur du beau mois,
En l'honneur de ma souveraine
Fais toujours entendre ta voix.
Et vous, herbe tendre et fleurie,
Faites briller votre couleur,
Croissez pour le front de Marie,
De celle à qui j'ai consacré mon cœur.

Je voudrais crier à tout homme
Que séduit l'appât du plaisir,
Qu'il court après un vain fantôme
Qui fuit quand on croit le saisir.
Oh! s'il savait combien ma vie
S'écoule pleine de douceur!
Il aimerait aussi Marie,
C'est celle à qui j'ai consacré mon cœur.

O vous! que l'espoir abandonne,
Que le malheur tient accablés;
Venez, le soir, près de son trône,
Vous retournerez consolés.

Témoins de la cérémonie
Qui ranime en moi la ferveur,
Vous chanterez aussi Marie,
C'est celle à qui j'ai consacré mon cœur.

Anges du ciel, milice sainte,
Habitants du divin séjour,
Pour un moment, dans cette enceinte,
Daignez transporter votre cour.
Qu'à nos voix votre voix unie
Fasse l'accord le plus flatteur;
Avec nous, célébrez Marie,
C'est celle à qui j'ai consacré mon cœur.

N° 62. — II. Marie notre Mère.

Air connu.

Je veux célébrer, par mes louanges,
Celle qui m'adopta pour enfant;
Dès ce jour, cette Reine des anges,
Je m'engage à l'aimer tendrement.
    Je m'engage, etc.

Elle est bonne, elle est compatissante,
Auprès d'elle, on trouve le bonheur;
Pour payer sa tendresse constante,
Je m'engage à lui donner mon cœur.
    Je m'engage, etc.

Contre moi, si le monde conspire,
A Marie, aussitôt j'ai recours,
Satisfait de son aimable empire,
Je m'engage à la servir toujours.
    Je m'engage, etc.

Je ne crains ni l'enfer, ni sa rage,
Quand Marie étend sa main sur moi;
Pour jouir de son saint Patronage
Je m'engage à vivre sous sa loi,
    Je m'engage, etc.

Son amour adoucit la souffrance,
Et mon cœur l'éprouve chaque jour;
Elle m'aime et j'en ai l'assurance,
Je m'engage à l'aimer sans retour.
    Je m'engage, etc.

Mon ardeur sera toujours nouvelle,
Je la puise en son cœur maternel;
Et pour être à jamais auprès d'elle,
Je m'engage à l'aller voir au ciel.
    Je m'engage, etc.

N° 63. — III. Bonheur dans le service de Marie.

AIR : *Heureux qui dès le première âge.*

Heureux, heureux le cœur fidèle
Qui met sa gloire et son bonheur
A servir la Reine immortelle,
Et qui lui consacre son cœur !
Quelles ineffables délices
Quand on vit soumis à ses lois !
Du ciel on goûte les prémices,
Et tous les bonheurs à la fois.

Des mondains le bonheur s'écoule
Comme les ondes du torrent :
Interrogez plutôt la foule
Qui s'endort dans l'enivrement.
« Ah ! dira-t-on, nos cœurs sont vides;
« Nous avons beau nous étourdir :
« Dans nos jouissances perfides,
« Le remords succède au plaisir. »

Tel ne fut jamais le langage
De vos fidèles serviteurs,
Marie, aurore sans nuages !
Aimable Reine de nos cœurs !
Ils sont heureux sous votre empire,
Leur bonheur va toujours croissant ;
Chez eux, quand une joie expire,
Une autre renaît à l'instant.

Puisque tes folles jouissances
Sont si funestes pour le cœur,
En vain tu nous fais des avances,
Monde volage et séducteur.
Non, des guirlandes de tes fêtes,
Loin de ces autels vénérés,
Nous ne ceindrons jamais nos têtes,
Au mépris de nos vœux sacrés.

Après Jésus, à vous, Marie,
Nous nous consacrons pour toujours ;
O doux charme de notre vie !
Daignez en embellir le cours.
Rendez notre bonheur durable,
En obtenant de votre Fils
Qu'à votre exemple, ô Mère aimable !
Nous soyons purs comme des lis.

En tout temps, ô douce patronne !
Vous qu'honorent les séraphins,
Sur nous, du haut de votre trône,
Versez vos dons à pleines mains.
Quand nos vœux dans votre chapelle,
Montent vers vous, comme un encens,
Du haut du ciel, Vierge fidèle,
Bénissez vos heureux enfants.

VINGT-UNIÈME JOUR.

Nº 64. — I. Mois de Marie.

Air nouveau et connu.

Toujours, toujours, quand le mois de Marie
Ramènera la saison du bonheur ;
Toujours, toujours, dans mon âme attendrie,
Je chanterai son retour enchanteur.
Beau mois des fleurs, augure d'espérance,
Gage de paix, aurore des beaux jours,
Viens m'enivrer de ta douce influence,
Pour que je t'aime et te chante toujours.

Toujours, toujours, aimable et tendre Mère,
J'aurai pour vous un cœur reconnaissant ;
Toujours, toujours, ce cœur tendre et sincère
Vous offrira l'amour le plus ardent.
Du haut du ciel, si votre main chérie
Vers le bonheur me guide tous les jours,
Ne faut-il pas, ô divine Marie,
Qu'avec transport je vous aime toujours ?

Toujours, toujours, de fleurs et guirlandes
Je parerai votre modeste autel ;
Toujours, toujours mes vœux et mes offrandes
Témoigneront d'un amour éternel.
Pour vos enfants, oh ! vous êtes si bonne !
De vos bienfaits rien n'arrête le cours :
Comment pourrais-je, ô céleste patronne !
Ne pas jurer de vous aimer toujours ?

Toujours, toujours, la rose printanière,
Le réséda, le lis et le jasmin,
Toujours, toujours, l'aimable primevère
Pour votre front croîtront dans mon jardin :

De vos vertus mystérieux emblême,
Toutes ces fleurs, par un muet discours,
Disent à tous : « Votre Mère vous aime,
« Heureux mortels, aimez-la donc toujours. »

Toujours, toujours, ô Reine très-puissante !
Dans mes beaux jours, dans mes jours nébuleux,
Toujours, toujours, votre nom que je chante,
Est à mon cœur un baume précieux.
Pour vous louer, ô divine Marie !
De votre mois les instants sont trop courts :
Oh ! quand mon âme, aux Séraphins unie,
Aux saints parvis, vous chantera toujours !

Toujours, toujours, au pied de ce beau trône,
De notre Mère admirons les grandeurs ;
Toujours, toujours, en vivante couronne
Près d'elle ici venons placer nos cœurs.
Chantons, chantons ses vertus immortelles,
Soir et matin, implorons son secours ;
Demandons-lui qu'aux voûtes éternelles,
Ivres d'amour, nous la chantions toujours.

N° 65. — II. Marie notre Mère.

Air connu.

Marie ! ah ! c'est ma Mère !
Moi, je suis son enfant !
D'un bonheur si prospère
Je suis tout triomphant !
Marie ! ah ! c'est ma Mère !
Moi, je suis son enfant !

Marie ! ah ! c'est ma Mère !
C'est mon titre d'honneur !
Qu'elle soit toujours chère,
Oui, bien chère à mon cœur !
Marie ! ah ! c'est ma Mère !
C'est mon titre d'honneur !

Marie! ah! c'est ma Mère!
Et j'en suis tout joyeux!
Sa brillante lumière
M'attire vers les cieux!
Marie! ah! c'est ma Mère!
Et j'en suis tout joyeux!

Marie! ah! c'est ma Mère!
Partagez mon bonheur;
De l'aimer, de lui plaire
Faites-vous un honneur.
Marie! ah! c'est ma Mère!
Partagez mon bonheur.

Marie! ah! c'est ma Mère!
Comment ne pas l'aimer?
Quelle autre, sur la terre,
Pourrait donc me charmer?
Marie! ah! c'est ma Mère!
Comment ne pas l'aimer?

Marie! ah! c'est ma Mère!
Satan rugit en vain:
Mon âme libre et fière
S'échappe de sa main.
Marie! ah! c'est ma Mère!
Satan rugit en vain.

Marie! ah! c'est ma Mère!
Et la sera toujours;
Près d'elle, je l'espère,
Je finirai mes jours.
Marie! ah! c'est ma Mère!
Et la sera toujours.

Marie! ah! c'est ma Mère!
J'irai la voir au ciel;
Je fais cette prière
Au pied de son autel.
Marie! ah! c'est ma Mère!
J'irai la voir au ciel.

N° 66. — III. Bonheur dans le service de Marie.

AIR : *Voyez la mer tranquille.*

Le monde, par ses charmes,
Veut attirer nos cœurs;
Mais je sais que les larmes
Remplacent ses faveurs.

1er REFRAIN.

Ah, sur la mer du monde
Ne vous embarquez pas;
Fuyez, fuyez son onde
Qui cache le trépas.

J'aime mieux vers Marie
Aller couler mes jours:
Vers la sainte patrie,
Elle guide toujours.

2e REFRAIN.

Voguons, à pleine voile,
Vers le céleste bord:
Marie est notre étoile
Qui nous conduit au port.

Du monde les promesses
N'ont qu'un temps ici bas;
Honneur, plaisirs, richesses,
Tout finit au trépas.

1er REFR.: Ah! sur la mer, etc.

Les biens que notre Mère
Verse dans notre sein,
Survivront à la terre,
Ils n'auront point de fin.
　　2e REFR.: Voguons, etc.

Adieu ! monde funeste,
Monde faux et trompeur ;
Mon âme te déteste,
Tu n'auras pas mon cœur.
　　1er REFR.: Ah ! sur la mer, etc.

Recevez, Mère tendre,
L'hommage de nos cœurs ;
Sur nous faites descendre
Les célestes faveurs.
　　2e REFR.: Voguons, etc.

VINGT-DEUXIÈME JOUR.

Nº 67. — I. Mois de Marie.

AIR : *Rallions-nous sous la blanche bannière.*

Dans ce beau mois, lorsque dans la prairie,
Uu doux soleil sourit aux jeunes fleurs,
Reine du ciel, admirable Marie,
Souris toi-même aux désirs de nos cœurs.

REFRAIN.

De tes enfants écoute le langage,
Prête l'oreille aux accords de nos voix :
Daigne accueillir notre sincère hommage,
Pour te louer nous chantons ton beau mois.

A ton amour consacrés dès l'enfance,
Nous détestons le monde et ses plaisirs;
Sois pour toujours notre douce espérance,
Le pur objet de nos tendres soupirs.

En vain Satan rugit et nous menace,
Nous méprisons son courroux frémissant;
Son front meurtri garde la double trace
Et de la foudre et de ton pied puissant.

De notre tête écarte les orages,
Veille sur nous, dirige notre sort;
Que notre barque, exempte de naufrage,
Par toi guidée entre au céleste port.

Mère de Dieu, douce Vierge Marie,
Toi que ton Fils ordonne de chérir;
Nous t'aimerons pendant toute la vie,
Nous t'aimerons jusqu'au dernier soupir.

Pendant ce mois, autour de ce beau trône
Nous nous pressons avec félicité;
Obtiens qu'au ciel nous soyons ta couronne,
Que nous t'aimions pendant l'éternité.

Nº 68. — II. Marie notre Mère.

Air nouveau.

O Mère !
A mon cœur si chère,
Objet de mes amours :
O rose !
Où mon cœur repose,
Tu parfumes mes jours.

4

Etoile
Enlève le voile
Qui te cache à mes yeux ;
Aurore,
Viens, puis viens encore
Faire briller tes feux.

O temple !
Où mon œil contemple
Les grandeurs du Très-Haut :
Image
D'un Dieu saint et sage,
Et miroir sans défaut.

Ta gloire,
Riche tour d'ivoire,
Est dans ta pureté :
Ta grâce
De beaucoup surpasse
Toute humaine beauté.

O Reine !
Ton brillant domaine
S'étend sur tous les cœurs :
Tes fêtes
Toujours sur nos têtes
Attirent tes faveurs.

Marie !
O nom plein de vie !
Cause de mes transports ;
Soulage
D'un pieux suffrage
Les vivants et les morts.

Ton culte
Qui plaît à l'adulte,
Charme aussi les enfants :
Tout âge
Vient te rendre hommage
De tous ses sentiments.

Les anges
Chantent tes louanges,
Et disent tes grandeurs ;
Et l'homme
A bon droit te nomme
Reine de tous les cœurs.

Nº 69. — III. Bonheur dans le service de Marie.

Air connu.

Elle est bonne, Marie ! elle est ma tendre Mère,
Je veux donc la payer du plus juste retour :
Allons tous à ses pieds, dans son beau sanctuaire,
Allons tous lui jurer un éternel amour.

REFRAIN.

Reine du ciel, nous chantons votre gloire,
Et vos belles vertus ;
Dans nos combats, donnez-nous la victoire,
Offrez-nous à Jésus.
A vous, Vierge Marie,
Louange, honneur !
Régnez, Mère chérie,
Dans notre cœur.

Elle est bonne, Marie ! et sa tendresse immense
Nous le prouve souvent par ses nombreux bien-
[faits :
Elle adoucit nos maux, nous donne l'espérance,
Et verse dans nos cœurs le baume de la paix.

Elle est bonne, Marie ! en ce jour d'allégresse,
Répétons-le tout haut, par nos transports brûlants:
Pour elle que nos vœux au ciel montent sans cesse
Comme le doux parfum d'un agréable encens.

Elle est bonne, Marie ! hélas ! en ce bas monde,
Peut-être on nous verrait succomber aux douleurs,
Si sa main maternelle, en grâces si féconde,
Ne s'étendait sur nous pour sécher tous nos pleurs

Elle est bonne, Marie ! et, dans toute la terre,
Je voudrais l'annoncer, si j'avais mille voix ;
Je dirais aux mortels : Rien n'est plus salutaire
Que de la vénérer, de vivre sous ses lois.

Elle est bonne, Marie ! oh ! que n'ai-je, pour elle,
Le cœur d'un ange pur, celui d'un séraphin !
Je l'aimerais alors d'une flamme immortelle,
Nuit et jour, ici-bas, et puis, au ciel sans fin.

VINGT—TROISIÈME JOUR

Nº 70. — I. Mois de Marie.

Air connu.

Chrétiens, de la Mère de Dieu
Chantons le mois plein de mystère ;
Et, chaque jour, dans le saint lieu,
Vénérons-la comme une Mère.

REFRAIN.

Vierge sainte, acceptez ces fleurs,
Et nos couronnes et nos cœurs.

De fleurs décorons son autel,
Ainsi montrons-lui notre zèle;
Elle accueille, du haut du ciel,
Ces dons de la saison nouvelle.

Mais ce qu'elle aime plus encor,
C'est la fleur de notre innocence;
Offrons-lui donc ce beau trésor
Qu'elle chérit de préférence.

Demandons-lui de conserver,
Dans notre âme, ce bien suprême;
C'est ainsi qu'on peut lui prouver
Que c'est du fond du cœur qu'on l'aime.

Vierge sainte, veillez sur nous,
Exaucez notre humble prière;
Attirez-nous auprès de vous,
Et soyez toujours notre Mère.

N° 74. — II. L'Enfant de Marie.

Air connu.

REFRAIN.

Je suis l'enfant de Marie;
A ma Mère chérie
Je le dis chaque jour:
Je suis l'enfant de Marie;
C'est mon chant de bonheur, c'est mon refrain d'amour.

Quel autre amour, sur cette terre,
Pourrait faire notre bonheur?
Si ce n'est l'amour d'une Mère,
La Mère du divin Sauveur?

Elle est douce, elle est prévoyante,
Son cœur est plein de charité;
Elle est sensible, elle est clémente,
Qui pourrait dire sa bonté?

Bienfaisante comme l'aurore,
Qui chasse les noires vapeurs;
De l'infortuné qui l'implore,
Marie adoucit les douleurs.

Comme la brise parfumée
Embaume tous ses alentours,
Ainsi ma Mère bien-aimée
Embaume et parfume mes jours.

Son nom saint et béni me touche
Comme un concert mélodieux;
Je le dis souvent, et ma bouche
Croit goûter un nectar des cieux.

Marie est mon aimable Mère,
Ce nom dit plus qu'un long discours.
Je veux la servir et lui plaire,
Je veux l'aimer, l'aimer toujours.

Nᵒ 72. — III. Consécration.

Air connu.

Je l'ai juré : mon cœur est à Marie ;
Je le lui donne avec transport d'amour.
Je me consacre à ma mère chérie
Et lui promets de l'aimer sans retour.

REFRAIN.

Je l'ai juré !
C'est pour la vie;
Mon serment est sacré :
J'appartiens à Marie.

Je l'ai juré : cette Reine des anges
Sera l'objet de mes tendres soupirs :
La révérer, célébrer ses louanges,
Sera pour moi le plus doux des plaisirs.

Je l'ai juré : je la prends pour ma mère,
Et désormais je serai son enfant.
Je veux toujours la servir et lui plaire,
C'est à ses pieds que j'en fais le serment.

Je l'ai juré : l'unique préférence
Que je ferai, dans le fond de mon cœur,
Sera pour Dieu, sans égal en puissance,
Souverain bien, et suprême bonheur.

Je l'ai juré : dans la sainte patrie,
En l'imitant, et grâce à son secours,
Je veux aller vers l'auguste Marie,
Pour la bénir et la chanter toujours.

VINGT-QUATRIÈME JOUR.

N° 73. — I. Mois de Marie.

Air nouveau, ou Dès que cette Vierge ingénue.

A toi, Marie, ô ma patronne !
A toi les parfums de nos fleurs ;
A toi nos chants, ô Vierge bonne !
A toi le tribut de nos cœurs.
Sous tes yeux, ô ma tendre Mère !
Mon cœur se dilate, il espère,
Il goûte la félicité.
On dirait qu'une main propice
Sur nous répand, à plein calice,
Un parfum d'immortalité.

J'aime ton mois, ô Vierge pure !
Comme l'abeille aime la fleur :
C'est le réveil de la nature,
C'est la douce extase du cœur.
Les montagnes et les prairies
De bluets se sont embellies,
Les oiseaux ont repris leur voix.
Par leur parure printanière,
Les jardins et la terre entière
Semblent célébrer ton beau mois.

J'aime ces riants paysages,
Ce beau soleil, ce ciel d'azur ;
Et cet horizon sans nuages,
Cet air si suave et si pur.
Eloigne de nous la tempête,
Ces jours seront des jours de fête,
Images du bonheur sans fin.
Verse sur nous en abondance
Les dons que Dieu, dans sa clémence,
A daigné mettre dans ta main.

J'aime éperdûment ce beau trône,
Sur lequel nous te contemplons ;
J'aime aussi la fraîche couronne
Que de nos mains nous te tressons.
J'aime les gracieux cantiques,
Et tous les concerts harmoniques
Qu'on te chante à la fin du jour ;
C'est alors que notre prière,
Partant d'un cœur pur et sincère,
Monte au ciel avec notre amour.

Vierge, du milieu de ces roses,
Laisse tomber sur tes enfants,
Tous les bienfaits dont tu disposes,
Et prête l'oreille à leurs chants.

Ecoute leur âme craintive;
A leurs besoins sois attentive,
Dans le bien dirige leurs pas.
Montre-toi leur Mère chérie,
Veille sur eux pendant leur vie,
Surtout à l'heure du trépas.

Attire-les, Vierge si bonne,
Près de toi, dans les saints parvis;
Qu'ils fassent un jour ta couronne,
Qu'ils te chantent au paradis!
Alors leur âme glorieuse,
Comme une étoile radieuse,
Brillera d'immortalité :
Ce ne sera plus, tendre Mère,
Un mois de fête, un mois prospère,
Mais ce sera l'éternité ! !

Nº 74. — II. Le Saint Cœur de Marie.

AIR : *La horde impie a consommé son crime.*

Il est un cœur digne de tout hommage;
C'est le saint cœur de la Mère d'amour.
Qu'il soit béni! vénéré d'âge en âge!
Consacrons-lui notre chant en ce jour.

Près de ce cœur, le ciel est sans parure,
L'astre du jour sans éclat, sans beauté :
Aux yeux de Dieu, pas la moindre souillure
N'en a jamais terni la pureté.

C'est sur ce cœur que, pendant son enfance,
Jésus prenait son repos chaque jour;
Il respirait son parfum d'innocence,
Il savourait le miel de son amour.

Ce cœur jadis souffrit, sur le calvaire
Ce que Jésus y souffrit dans son corps,
Tourment cruel qui, pour ce cœur de mère,
Fut plus poignant, plus dur que mille morts.

Quand le chagrin de ses traits me déchire,
Ou quand sur moi vient fondre le malheur;
Ce tendre cœur avec le mien soupire,
Et je sens moins le poids de la douleur.

C'est dans ce cœur que je trouve un asile
Contre les coups du démon furieux;
J'y vis en paix, j'y repose tranquille:
C'est l'avant-goût des délices des cieux.

N° 75. — III. Consécration.

Air connu.

Sans mon amour, la vie est bien amère;
Venez donc tous vous jeter dans mes bras:
Mon cœur, pour vous, est le cœur d'une Mère,
Oh! non, non, ne m'oubliez pas.

REFRAIN.

Nous t'oublier! t'oublier, tendre Mère!
Non, non, jamais, jamais, jamais:
C'est près de toi que notre âme sincère
Trouve la paix, la douce paix.
Nous t'oublier! non, non, jamais!
Nous t'oublier! non, non, jamais!

Le monde, hélas! cherchant à vous séduire,
Fait à vos yeux briller ses faux appas:
Aux biens, réels, moi, je veux vous conduire,
Oh! non, non, ne m'oubliez pas.

Auprès de moi toute âme qui s'abritte,
Aura toujours le bonheur ici-bas :
A ce bonheur c'est moi qui vous invite,
    Oh ! non, non, ne m'oubliez pas.

J'étends ma main sur vous, comme une égide,
Pour vous couvrir au fort de vos combats :
Dans le danger ma lumière vous guide,
    Oh ! non, non, ne m'oubliez pas.

Pendant le cours de votre vie entière,
De mon autel ne vous éloignez pas :
Toujours, toujours, que je sois votre Mère,
    Oh ! non, non, ne m'oubliez pas.

A me servir si votre âme est fidèle,
Si vous m'aimez jusqu'à votre trépas ;
Vous obtiendrez la couronne immortelle,
    Oh ! non, non, ne m'oubliez pas.

VINGT-CINQUIÈME JOUR.

N° 76. — I. Mois de Marie.

AIR : *Chrétiens qui combattons aujourd'hui
sur la terre.*

Radieux de clartés, un astre salutaire
Vient de ses feux brillants éclairer l'univers :
C'est l'aimable Marie ! et la nature entière
De ses joyeux accords fait retentir les airs :

REFRAIN.

A la Reine que tout révère
Nos concerts les plus gracieux !
    A la divine Mère
Nos cantiques joyeux.

Du matin jusqu'au soir, sainte Reine des anges,
Tous les petits oiseaux vous chantent loin du bruit;
Pour qu'aucun temps ne soit vide de vos louanges,
Le charmant rossignol vous chante dans la nuit.

Vierge, pour votre autel, les fleurs sont embellies
D'un éclat pur et vif, d'une douce senteur.
Pour bénir votre nom tout a des harmonies,
Comme pour vous aimer tout semble avoir un cœur

Mère du saint amour, notre voix ne peut dire
Tout ce que, dans leurs cœurs, ressentent vos enfants :
O brûlants séraphins ! prêtez-nous votre lyre,
Daignez-nous inspirer quelques-uns de vos chants

Marie, oh! qu'il est doux, dans ce mois d'espérance,
D'entourer votre trône, orné de mille fleurs !
De vous y témoigner notre reconnaissance,
Vous dire notre amour et chanter vos grandeurs!

Vous êtes, à nos yeux, plus suave et plus belle
Que ces bouquets par nous placés sur votre autel.
Astre du marinier, guidez notre nacelle,
Pour que, malgré les vents, nous abordions au ciel.

N° 77. — II. La divine Bergère.

Air de la Normandie, Loin des chalets qui m'ont vu naître

Errants sur cette triste plage,
Comme des agneaux égarés,
Qui nous défendra de la rage
De nos ennemis déclarés ?

REFRAIN.

Tendre Marie, ô divine Bergère !
Sur ton troupeau veille du haut des cieux ;
Et, dans ta main, la houlette légère
Nous défendra du lion furieux.

Venez, venez, petits agneaux,
Si blancs, si beaux,
Venez, venez, troupeau fidèle,
Rangez-vous auprès d'elle ;
Son cœur veille sur vous :
Fut-il jamais un bonheur aussi doux ?

Des noirs sentiers de la montagne,
Sort parfois le loup ravissant ;
Il met l'effroi dans la campagne,
La remplit de meurtre et de sang.

Quand l'éclair, au sein de la nue,
Trace son sillon de corail,
Quand la nuit sombre est survenue,
Qui nous montrera le bercail ?

Jouets de l'affreuse tempête,
Faudra-t-il périr sans secours ?
Et voir fondre sur notre tête
Les maux qui menacent nos jours ?

Dans ce lieu désert et sauvage,
Sur ce stérile et noir côteau,
Comment trouver le pâturage
Et l'onde claire du ruisseau ?

Satan aura-t-il la victoire ?
Règnera-t-il sur notre cœur ?
Jésus n'aura-t-il plus la gloire
D'avoir été notre Sauveur ?

Nº 78. — III. Consécration.

Air connu.

O Vierge toute bonne !
Mon espoir, mon bonheur,
Plein d'amour je vous donne,
Je vous donne mon cœur.

REFRAIN.

Tout à vous, ô ma Mère !
Tout à vous pour toujours,
Je consacre à vous plaire
Le reste de mes jours.

O Mère de clémence !
Dont le cœur est si doux !
C'est la reconnaissance
Qui me conduit à vous.

Vos bienfaits, Mère tendre,
M'arrivent tous les jours,
Ah ! puis-je me défendre
De vous aimer toujours ?

Je mets tout, ô Marie !
Oui, tout à vos genoux :
Mes biens, mon cœur, ma vie,
Après Dieu, sont à vous.

Le démon dans sa rage,
Voudrait perdre mon cœur :
Sous votre patronage
Je vaincrai sa fureur.

Régnez en souveraine,
Régnez toujours sur moi,
Car vous êtes ma Reine,
Votre Fils est mon Roi.

Réglez mes destinées,
Mes peines, mon bonheur,
Mes heures fortunées
Et mes jours de malheur.

Couvrez-moi de votre aile
O Mère, mes amours !
Pour qu'au ciel, Vierge belle,
Je vous chante toujours.

VINGT-SIXIÈME JOUR.

Nº 79. — I. Mois de Marie.

Air nouveau.

REFRAIN.

Dans cette pieuse enceinte,
Tombons à genoux :
Implorons la Vierge sainte,
Qu'elle veille sur nous !

Nous voulons te chanter, aurore sans nuage,
Toi qui, du haut du ciel, souris à tes enfants ;
Toi dont le nom se lit sur les fleurs du bocage,
Toi que le jeune oiseau, bercé dans le feuillage,
Célèbre dans ses chants.

Nous voulons te chérir, toi que les Saints chérissent
Toi dont le cœur est pur comme le plus beau jour ;
Dans nos champs, sous tes pas, les fleurs s'épanouissent,
Et, dans les saints parvis, les anges te bénissent,
Dans leurs concerts d'amour.

Nous voulons t'invoquer, ô notre tendre Mère !
Toi par qui l'univers respire un air si doux :
Toi dont le Fils est Dieu, et n'a que Dieu pour Père,
Toi que l'archange au ciel, et l'homme sur la terre
Invoquent a genoux.

Quand le lilas de mai parfume ta chapelle,
Quand tes enfants joyeux s'y rassemblent, le soir,
Pour mettre devant toi leur âme fraternelle,
Comme une fleur de plus dans ta main maternelle,
Daigne les recevoir.

Donne à celui qui souffre une sainte parole,
Au pauvre qui mendie un gîte pour la nuit ;
L'espoir au prisonnier qui pleure et se désole,
Le remords au pécheur, quand un monde frivole
Le flatte et le poursuit.

Sois pour le matelot l'étoile qui le guide,
L'ombre du voyageur, l'astre du pélerin ;
Fais tomber l'eau du ciel sur toute terre aride,
Calme toute blessure, et, dans toute âme avide
Verse un baume divin.

Nos cœurs seront à toi, jusqu'à l'heure suprême,
O Vierge immaculée ! ô Reine d'Israël !
C'est chérir ton cher Fils, que te chérir toi-même;
Daigne combler les vœux de notre cœur qui t'aime
En nous guidant au ciel.

N° 80. — II. Le Rosaire.

Cantique de l'Ame dévote retouché.

1. L'ANNONCIATION.

Un ange vient du ciel annoncer à Marie
Qu'elle doit concevoir le Fils de l'Eternel :
Ce Dieu qui prit un corps dans son sein maternel
Attirons-le dans nous par une sainte vie.

2. LA VISITATION.

Oh ! qu'il est beau de voir cette céleste Reine
Aller rendre visite à sainte Elisabeth !
Tâchons de mériter un bonheur si parfait :
Qu'en visitant nos cœurs, elle en soit souveraine !

3. LA NAISSANCE DE JÉSUS.

Au milieu de la nuit, cette auguste Princesse
Enfante le Sauveur dans un pauvre logis ;
Avec elle adorons Dieu devenu son fils,
Et que sa pauvreté fasse notre richesse !

4. LA PRÉSENTATION AU TEMPLE.

Marie offre au Très-Haut l'agneau de Dieu sans tâche
Qui porte les péchés des malheureux humains ;
Offrons-nous au Seigneur par ses divines mains,
Vivons pour le servir, aimons-le sans relâche.

5. LE RECOUVREMENT DE JÉSUS AU TEMPLE.

Ayant perdu son fils, elle le trouve au Temple,
Après l'avoir cherché l'espace de trois jours.
Cherchons Jésus, comme elle, oh ! cherchons-le toujours ;
Puissions-nous le trouver en suivant son exemple.

6. LA PRIÈRE DE JÉSUS AU JARDIN DES OLIVES.

Triste jusqu'à la mort, au jardin des Olives,
Jésus tombe à genoux et prie avec ardeur :
Dans nos fréquents ennuis, prions avec ferveur,
La prière adoucit les peines les plus vives.

7. LA FLAGELLATION.

Attaché fortement au pied d'une colonne,
Il se laisse meurtrir et flageller pour nous ;
Celui qui du malheur sait supporter les coups,
Imite avec grand fruit l'exemple qu'il nous donne.

8. LE COURONNEMENT D'ÉPINES.

On place sur son front la couronne d'épines,
Et pour tout sceptre on met un roseau dans sa main:
Si nous voulons complaire à ce Maître divin,
Détruisons notre orgueil jusques dans ses racines.

9. LE PORTEMENT DE LA CROIX.

Jésus porte sa croix, sans plainte et sans murmure
Bien qu'il soit accablé sous ce pesant fardeau ;
Pensons, dans nos malheurs, à l'innocent Agneau;
Souffrons sans murmurer, la croix sera moins dure

4*

10. LE CRUCIFIEMENT.

Il s'étend sur la Croix, au sommet du Calvaire,
Ses deux mains et ses pieds sont percés de grands clous.
Ce martyre cruel, il le souffre pour nous :
Compâtissons au moins à sa douleur amère.

11. LA RÉSURECTION DU SAUVEUR.

Trois jours après sa mort, le Sauveur ressuscite,
Il sort de son tombeau tout brillant de clarté :
Imitons sans retard Jésus ressuscité,
Du tombeau du péché sortons tous au plus vite.

12. L'ASCENSION DE JÉSUS-CHRIST.

Jésus-Christ monte au ciel, par sa propre puis-
Il s'assied à côté de son Père éternel.   [sance,
Suivons-le par le cœur, au séjour immortel,
Et d'y monter un jour conservons l'espérance.

13. LA DESCENTE DU SAINT-ESPRIT.

L'Esprit d'amour descend dans le cœur des apôtres,
Il les consume tous, en fait d'hommes nouveaux,
Ah! puissions-nous, comme eux, brûler de feux si beaux!
Puissent ces feux passer de leurs cœurs dans les nôtres.

14. L'ASSOMPTION DE LA SAINTE VIERGE.

La Vierge monte au ciel sur les ailes des anges
Ayant rendu l'esprit par un transport d'amour.
Elle veille sur nous, de la céleste cour :
Adressons-lui nos vœux célébrons ses louanges.

15. LE COURONNEMENT DE LA SAINTE VIERGE.

Jésus étend la main, il couronne sa mère ;
C'est au plus haut des cieux que son trône est dressé:
Offrons-lui le tribut d'un hommage empressé,
Invoquons-la souvent, disons bien son Rosaire.

CONCLUSION.

Vierge sainte agréez et les lis et les roses
Qui sont comme les fleurs du beau rosier du ciel;
Faites qu'en vous aimant d'un amour éternel,
Nous aimions votre Fils par-dessus toutes choses.

N° 81. — III. Consécration.

AIR : *Je vous bénis, ô la plus tendre Mère!*

A toi nos cœurs! ô Mère toute aimable!
Objet sacré de nos chastes amours!
A toi nos cœurs! ô Vierge incomparable!
Dont la bonté veille sur tous nos jours,
Reine du ciel, ta famille attendrie
Veut mériter tes célestes faveurs;
Nous te disons : « Bonne et tendre Marie,
       A toi nos cœurs! »

A toi nos cœurs! pendant que la jeunesse
Peut nous promettre un brillant avenir;
A toi nos cœurs! quand la froide vieillesse
Nous redira qu'hélas! tout va finir.
Reine du ciel, quand notre âme te prie,
Ta douce main vient étancher nos pleurs;
Nous te disons : « Bonne et tendre Marie,
       A toi nos cœurs! »

A toi nos cœurs! lorsque l'aube naissante
De la lumière annonce le retour,
A toi nos cœurs! lorsque l'ombre croissante,
En s'allongeant, prédit la fin du jour.
Reine du ciel, dans notre mélodie,
Nous célébrons ta gloire, tes grandeurs!
Nous te disons : « Bonne et tendre Marie,
       A toi nos cœurs! »

A toi nos cœurs ! quand devant ton image
On fait fumer une vapeur d'encens ;
A toi nos cœurs ! quand pour te rendre hommage
Tes fils chéris t'adressent leurs accents.
Reine du ciel, ta mémoire chérie
Nous fait goûter le plus doux des bonheurs ;
Nous te disons : « Bonne et tendre Marie,
     A toi nos cœurs ! »

A toi nos cœurs ! lorsque les vierges blanches,
Dans ta chapelle, expriment leurs souhaits ;
A toi nos cœurs ! quand du ciel tu te penches
Pour nous bénir et nous donner la paix.
Reine du ciel, doux charme de la vie,
Nous sommes fiers de porter tes couleurs ;
Nous te disons : « Bonne et tendre Marie,
     A toi nos cœurs ! »

VINGT-SEPTIÈME JOUR.

Nº 82. — I. Mois de Marie.

Air nouveau, ou Du céleste séjour les portes éternelles.

Que ton ciel est serein ! que tes jours ont de charme !
Beau mois que nous fêtons d'un culte solennel !
O Reine de nos cœurs ! il n'est aucune larme
Qui ne soit étanchée au pied de ton autel.

Ton nom, bonne Marie, est doux à mon oreille
Comme le son lointain d'un instrument flatteur ;
Et je l'aimai toujours comme la jeune abeille
Aime le doux parfum recueilli sur la fleur.

Ta pureté confond celle du lis champêtre ;
Auprès de ta beauté la rose est sans carmin :
Tes vertus ont touché le cœur du divin Maître
Qui, pour nous racheter, s'incarna dans ton sein.

Qui dira ta grandeur? ô notre auguste Reine !
Ton front est couronné d'un éclat immortel :
Qui dira ton pouvoir? aimable souveraine !
Tu t'assieds à côté du monarque éternel.

Refuge des pécheurs, montre-toi notre Mère ;
Dans notre cœur ému fais renaître la paix :
Écoute nos accents, reçois notre prière,
En chantant ton beau mois, nous chantons tes bienfaits.

Marie, ô lis des champs, rose mystérieuse !
Répands dans notre cœur tes parfums précieux :
Doux astre du matin, étoile radieuse,
Que toujours ta clarté nous guide vers les cieux.

N° 85. — II. Notre-Dame de la Victoire.

AIR : *Chrétiens, qui combattons aujourd'hui sur la terre.*

Sainte Mère de Dieu, douce et tendre Marie.
Sur tes heureux enfants daigne jeter les yeux ;
A tes soins maternels leur âme se confie,
Sur eux, avec amour, veille du haut des cieux.

REFRAIN.

Notre-Dame de la Victoire,
Ouvre-nous ton cœur en ce jour ;
A toi nos chants de gloire !
A toi nos chants d'amour !

Ton crédit, dans le ciel, est un crédit immense ;
Jésus, ton divin Fils, accueille tous tes vœux :
Auprès de ce Dieu bon use de ta puissance
Pour nous faire du bien et pour nous rendre heureux

Nous vivons, tu le vois, au milieu des alarmes,
Toujours dans les dangers, toujours dans les combats ;
Compatis à nos maux, sois sensible à nos larmes,
Sur nous, Mère d'amour, daigne étendre les bras.

Satan, le fier Satan nous déclare la guerre,
Qu'il sache que ton pied brisa jadis son front ;
De ses piéges cachés délivre-nous, ô Mère !
Et de cette faveur nos cœurs te béniront.

Oh ! que nous sommes fiers de t'avoir pour Patronne !
Et de penser qu'à Dieu ton cœur parle pour nous !
Obtiens qu'il nous bénisse, obtiens qu'il nous pardonne,
Nous réclamons de toi cette grâce à genoux.

Nº 84. — III. Consécration.

Air d'Emma, Elle habite la ville.

Bonne Vierge Marie !
Dame du bon secours,
Dispose de ma vie
Et protège mes jours.
O divine patronne !
Mère du Dieu Sauveur,
Toi, si tendre et si bonne !
Je viens, avec bonheur,
Te consacrer mon cœur.

Vers toi l'amour m'entraîne,
Car t'aimer est si doux !
Je voudrais, douce Reine,
Mourir à tes genoux.
Toi dont les beaux archanges
Révèrent la grandeur
Et disent les louanges,
Je viens, avec bonheur,
Te consacrer mon cœur.

Pour moi, ton sanctuaire
Est le parvis du ciel :
Heureux qui sait se plaire
Aux pieds de ton autel !

Mère pleine de grâce,
O miroir du pudeur !
Beauté que rien n'efface,
Je viens, avec bonheur,
Te consacrer mon cœur.

A tes pieds, tendre Mère,
Mon cœur est trop heureux :
Quand tu me dis : Espère !
C'est le bonheur des cieux.
O toi ! dont la parole
Calme toute douleur,
Lis à blanche corolle,
Je viens, avec bonheur,
Te consacrer mon cœur.

De mon souverain juge
Si tu vois le courroux,
Tu seras mon refuge,
Tu pareras ses coups.
O Vierge glorieuse !
Trône de la ferveur,
Rose mystérieuse,
Je viens, avec bonheur,
Te consacrer mon cœur.

Que tes mains maternelles
Viennent fermer mes yeux !
Porte-moi sur tes ailes
Avec toi, dans les cieux.
C'est là que je désire,
Plein d'une sainte ardeur,
Pouvoir un jour te dire :
Je viens, avec bonheur,
Te consacrer mon cœur.

VINGT-HUITIÈME JOUR.

N° 85. — I. Mois de Marie.

AIR : *Combien j'ai douce souvenance.*

D'où vient que ce mois d'allégresse
S'écoule avec tant de vitesse ?
Il touche à la fin de ses jours
     D'ivresse,
Au lieu de prolonger son cours
     Toujours.

Qu'il était doux, Vierge si chère,
Dans ton aimable sanctuaire,
De voir venir tes serviteurs,
     Ma Mère,
T'offrir, le soir, avec des fleurs,
     Leurs cœurs.

Oh ! combien pour l'âme attendrie,
Joyeuse était notre harmonie !
Lorsque nos cœurs reconnaissants,
     Marie !
T'offraient, avec leurs sentiments,
     Leurs chants.

Il s'en va ton mois d'espérance ;
Mais il nous reste ta clémence ;
O Mère ! en tout temps tu chéris
     L'enfance ;
Aux vœux de nos cœurs attendris,
     Souris.

Puisque Dieu t'a fait notre Reine,
Agis sur nous en souveraine ;
Et, par ton crédit sans égal,
     Ramène
Les pécheurs du sentier fatal
     Du mal.

Loin de toi notre cœur soupire,
Pour nous la vie est un martyre ;
Ah ! qu'un jour ton cœur maternel
Attire
Notre âme au bonheur éternel
Du ciel !

N° 86. — II. Notre-Dame de Lure.

Air de Notre-Dame de la Victoire, Chrétiens qui
combattons aujourd'hui sur la terre.

Priez, priez pour nous, ô divine Patronne !
C'est le vœu de nos cœurs le plus cher, le plus doux.
Pour vos enfants chéris, oh ! vous êtes si bonne !
Sainte Mère de Dieu, priez, priez pour nous.

REFRAIN : Bonne Notre-Dame de Lure
Exaucez nos vœux en ce jour.
A vous, ô Vierge pure !
A vous nos chants d'amour !

Priez, priez pour nous, que nos voix suppliantes,
Comme un pieux concert, s'élèvent jusqu'à vous !
Obtenez que toujours nos âmes soient ferventes,
Sainte Mère de Dieu, priez, priez pour nous.

Priez, priez pour nous, et rendez-nous fidèles
Quand, devant votre autel, nous sommes à genoux ;
Enrichissez nos cœurs de vos vertus si belles,
Sainte Mère de Dieu, priez, priez pour nous.

Priez, priez pour nous votre voix douce et tendre,
Peut de votre cher Fils apaiser le courroux.
Ce Fils, quand vous parlez, se plaît à vous entendre,
Sainte Mère de Dieu, priez, priez pour nous.

Priez, priez pour nous, car à vous, tendre Mère,
Du fond de notre cœur nous nous consacrons tous.
Oui, nous serons toujours vos enfants de la terre,
Sainte Mère de Dieu, priez, priez pour nous.

Nº 87. — III. Consécration.

Air connu.

Comblés de tes douces faveurs,
Mère de Dieu, tendre Marie,
Nous venons, pour toute la vie,
T'offrir l'hommage de nos cœurs.
Nous garderons le souvenir sincère
De ton amour, de tes nombreux bienfaits :
Nous t'oublier, divine Mère,
Non, non jamais !

Le chœur des anges glorieux
Tombe à tes pieds, Vierge divine,
Et devant toi leur front s'incline,
Tressaillant d'un respect pieux.
Ne faut-il pas que tes Fils de la terre
Jurent aussi de t'aimer désormais ?
Nous t'oublier, divine Mère,
Non, non jamais !

Ton œil toujours veilla sur nous,
Depuis notre première enfance :
Tu prends encor notre défense
Contre tout l'enfer en courroux.
C'est donc en toi que notre cœur espère,
Ce cœur dès lors peut reposer en paix :
Nous t'oublier, divine Mère,
Non, non jamais !

Quand nous sommes dans le malheur,
Vers ton trône, Mère puissante,
Monte notre voix suppliante,
Et tu nous ouvres ton bon cœur.
De tant d'amour, pourrions-nous Vierge chère,
Ne pas bénir le merveilleux excès ?
Nous t'oublier, divine Mère,
Non, non jamais !

Reçois donc, Marie, en ce jour,
Oui, reçois nos cœurs et nos âmes ;
Nous voulons brûler de tes flammes,
Nous consumer de ton amour.
Toujours, toujours notre âme sera fière
D'être enchaînée à tes divins attraits :
Nous t'oublier, divine Mère,
Non, non jamais !

VINGT-NEUVIÈME JOUR.

N° 88. — I. Mois de Marie.

Air nouveau, ou bien : Où va ma Mère bien-aimée ?

Comme ils se sont écoulés vite
Ces jours de plaisirs innocents !
Et quelle tristesse subite
Vient s'emparer de tous nos sens.
Beau mois de mai, mois de Marie,
C'en est fait, tu vas nous quitter :
Tu nous faisais chérir la vie,
Faut-il sitôt te regretter ?

Ces jours étaient des jours de fête ;
Ils ont passé comme un instant :
Ah ! cette terre n'est pas faite
Pour donner un bonheur constant.
Quand pourrons-nous, dans la patrie,
Au sein de la félicité,
Célébrer le mois de Marie
Pendant toute l'éternité ?

O Reine des chœurs angéliques,
Auguste Mère de Jésus !
Pendant ce mois, dans leurs cantiques,
Tes enfants chantaient tes vertus.

Bientôt ils suspendront leurs lyres,
Imitant les Hébreux captifs,
Ou les chants que tu leur inspires
Se changeront en chants plaintifs.
Il est des fleurs à peine écloses,
Marie, et ton mois va finir !
Nous avions encor tant de choses
A demander pour l'avenir !
Heureusement, sainte patronne,
Ton amour ne saurait passer :
Tu seras toujours douce et bonne,
Toujours prête à nous exaucer.
Souviens-toi donc, Vierge puissante,
(Et tous les siècles en font foi,)
Que jamais une âme souffrante
N'eut vainement recours à toi.
Souviens-toi que, sur le Calvaire,
Entre les bras de la douleur,
Ton Fils ne te fit notre Mère,
Que pour nous assurer ton cœur.
Ouvre-le nous ce cœur si tendre ;
Nous voulons nous y renfermer,
Pour y goûter, pour y comprendre
Combien il est doux de t'aimer.
De cette demeure sacrée,
Quand notre dernier jour viendra,
Comme d'une arche révérée,
Notre âme au ciel s'envolera.

N° 89. — II. Pour une Procession.

AIR : *Dans ce beau mois, lorsque dans la prairie.*

Rallions-nous sous la blanche bannière
Qui se déploie et flotte vers les cieux :
C'est l'étendard de notre auguste Mère ;
Il fait briller son image à nos yeux.

REFRAIN.

Flotte sur nous, éclatante bannière,
Conduis au ciel les cœurs que tu défends ;
Nous te suivons : l'image d'une Mère
Sera toujours l'honneur de ses enfants.

Reine du ciel, votre heureuse naissance
Fut pour nos cœurs l'aurore des beaux jours ;
Elle annonçait le jour de la clémence
Qui, de nos maux, devait clore le cours.

Honneur et gloire au saint nom de Marie !
Ce nom suffit à toutes les douleurs :
Avec le ciel il nous réconcilie,
Et de l'orage il calme les fureurs.

Cœur de Marie, en qui Jésus repose,
O cœur plus pur que le rayon du jour !
O cœur plus beau que le lis et la rose !
Verse sur nous un peu de ton amour.

Au haut des cieux je vois briller un trône :
Quitte la terre, ô Mère de Jésus !
Va recevoir le sceptre et la couronne
Que ton cher Fils destine à tes vertus.

Veille sur nous, ô divine Marie !
Veille sur nous, ô Reine du Carmel !
Et que tes traits, sur la laine brunie,
Soient pour nos cœurs une égide du ciel !

Vois à tes pieds tes enfants du Rosaire ;
Leurs chants sont purs et leurs front radieux :
Descends vers eux, ô Vierge débonnaire !
Près de leur Mère, ils sont plus près des cieux.

Oh ! qu'il est beau ce jour où notre hommage
Monte vers toi, Reine des Séraphins !
Anges du ciel, c'est la parfaite image
De vos beaux jours dans les parvis divins.

Monde trompeur, la pompe de tes fêtes,
Près de Marie, a perdu ses splendeurs :
Tes faux plaisirs engendrent des tempêtes,
Près de Marie, on recueille des fleurs.

Après Jésus, ô divine Marie !
Tu régneras dans nos cœurs sans retour ;
Attire-nous, Vierge à jamais bénie,
Auprès de toi, dans le divin séjour.

Alors, unis aux célestes phalanges,
Dans ces concerts qu'on ne chante qu'au ciel,
Nous mêlerons, sur la lyre des anges,
Ton nom si doux au nom de l'Eternel.

Vive Jésus ! vive sa sainte Mère !
Que ces deux noms soient toujours nos amours !
Ah ! puissions-nous, en quittant cette terre,
Aller au ciel les chanter pour toujours.

N° 90. — III. Consécration.

AIR : *Courbés aux pieds de ton image.*

Courbés devant l'auguste image
De l'aimable Reine des cieux ;
Offrons-lui le sincère hommage
De l'amour le plus généreux.
Elle protège notre enfance,
Et veille sur nous nuit et jour,
Qu'aujourd'hui la reconnaissance
Paye les dons de son amour.

REFRAIN.

Mère de Dieu, tendre Marie,
Reçois nos vœux et nos serments ;
Jusqu'à la fin de notre vie,
Nous voulons être tes enfants.

Protectrice de l'innocence,
Nous te consacrons notre cœur ;
T'aimer, ô mère de clémence !
Fera toujours notre bonheur.
Oui, t'aimer toute notre vie,
C'est notre plus ferme désir ;
Et pour toi, divine Marie,
Nous voulons tous vivre et mourir.

Reine du ciel, douce Patronne,
Nous sommes à toi sans retour ;
Daigne accueillir, Vierge si bonne,
Ces vœux que nous dicte l'amour.
Tant que nous vivrons sur la terre,
Nous jurons de te vénérer,
Nous jurons, bonne et tendre Mère,
De te servir, de t'honorer.

Nos cœurs, à ton culte fidèles,
Resteront soumis à ta loi ;
A l'amour empruntant des aîles
Ces cœurs voleront près de toi.
Nous mettrons toujours nos délices
A célébrer ton nom si beau ;
Pour qu'au ciel tu nous réunisses,
Tant le pasteur que le troupeau.

TRENTIÈME JOUR.

Nº 91. — I. Mois de Marie.

AIR : *J'aime Marie, et je suis aimé d'elle.*

Beau mois de mai dont la beauté m'enchante,
Pourquoi nous fuir à pas précipités ?
De ma Reine puissante,
Ah ! permets que je chante
Le tendre amour, les vertus, les bontés.

Ton souffle pur, ta présence chérie
Me procuraient des secours précieux :
 Tu m'offrais, pour Marie,
 Les fleurs de la prairie,
Et des oiseaux les chants harmonieux.

Pendant ces jours, si chers à ma mémoire,
Il m'était doux de venir en ce lieu,
 Pour chanter la victoire
 Pour célébrer la gloire
Et les bienfaits de la Mère de Dieu.

Reine du ciel ! malgré notre prière
Ton mois s'écoule : adieu, parfait bonheur !
 O notre bonne Mère !
 Tu nous es toujours chère :
Si ton mois passe, il nous reste ton cœur.

Lis d'Israël, délices de mon âme,
Tendre Marie, ô Mère du grand Roi !
 A tes pieds je réclame
 Que ton amour m'enflamme ;
Qu'après Jésus tu règnes seule en moi.

Veille sur nous, dans ce vallon de larmes,
Nous t'en prions au pied de ton autel,
 Vierge pleine de charmes,
 Dissipe nos alarmes,
De cet exil attire-nous au ciel.

Nᵉ 92. — II. Pour une Procession.

AIR : *Avec transport les cieux l'ont proclamé.*

En ce beau jour, notre Mère immortelle
Veut nous combler de ses douces faveurs :
Avec transport pressons nous auprès d'elle,
Chantons sa gloire, exaltons ses grandeurs.

CHŒUR

Sa bannière chérie
Nous conduit en ce jour ;
Sur les pas de Marie
Marchons avec amour.

SOLO.

Composons le cortége
De la Reine des cieux ;
Est-il un privilége
Plus beau, plus glorieux ?

Reprise du chœur, Sa bannière chérie, etc.

Pendant sa vie, elle fut toujours pure,
Toujours fidèle à servir le Seigneur :
C'est la vertu qui fesait sa parure,
Dieu se mirait dans l'azur de son cœur.

CHŒUR.

Sa bannière chérie, etc.

SOLO.

Cette auguste princesse
Nous admet à sa cour :
D'une vive tendresse
Payons-la de retour.

Chœur, Sa bannière chérie, etc.

Après sa mort, dans la sainte patrie,
Elle reçut un trône auprès de Dieu,
Et depuis lors, l'humble Vierge Marie
Est vénérée et bénie en tout lieu.

CHŒUR.

Sa bannière, chérie, etc.

5

SOLO.

Offrons-lui nos hommages
Et nos vœux empressés ;
Dans nos pieux suffrages,
Nous serons exaucés.
Chœur, Sa bannière chérie, etc.

Elle est placée au-dessus des archanges,
Des séraphins et des célestes chœurs :
Eux, comme nous, célébrent ses louanges,
Eux, comme nous, admirent ses grandeurs.

CHŒUR.

Sa bannière chérie, etc.

SOLO.

Mettons notre espérance
Dans son bras protecteur ;
Persuadés d'avance
D'un accueil bienfaiteur.
Chœur, Sa bannière chérie, etc.

Oh ! qu'ils sont beaux les rayons de lumière
Dont rejaillit son front majestueux !
Son divin Fils veut que sa sainte Mère,
Par sa splendeur, soit l'ornement des cieux.

CHŒUR.

Sa bannière chérie, etc.

SOLO.

Plaçons notre prière
Dans son cœur maternel,
Afin que notre Mère
La porte dans le ciel.
Chœur, Sa bannière chérie, etc.

Parmi les saints, qui dira sa puissance ?
Elle jouit d'un pouvoir tout divin :
L'homme, à bon droit, implore sa clémence,
Sûr que jamais on ne l'invoque en vain.

CHŒUR.

Sa bannière chérie, etc.

SOLO.

Qu'elle nous soit propice,
À la vie, à la mort !
Et sa main protectrice
Nous ouvrira le port.

Chœur, Sa bannière chérie, etc.

Nº 93. — III. Désir d'aller voir Marie.

AIR : *Je la verrai cette Mère chérie.*

J'irai la voir cette Mère si tendre,
J'irai la voir sur son trône brillant !
Ce doux moment se fait beaucoup attendre :
Mais mon bonheur n'en sera que plus grand !

REFRAIN.

Divine Marie,
J'ai l'espoir,
Au ciel, ma patrie,
De te voir.

Pour t'aller voir, il faut être fidèle
A te servir, à t'aimer chaque jour :
Aussi, je veux, ô Vierge toute belle !
Te bien servir, vivre de ton amour.

Pour t'aller voir, il faut, ô tendre Mère !
Que de ta main tu soutiennes mon cœur.
Tant d'ennemis lui font ici la guerre,
Qu'il craint toujours de n'être pas vainqueur.

Par ton secours, puissante protectrice,
Je puis braver tout l'enfer en courroux :
Malgré sa haine, et malgré sa malice,
Je ne crains plus de périr sous ses coups.

Heureux, un jour, au ciel j'aurai ma place ;
Cette espérance est gravée en mon cœur :
Voir ton cher Fils, te voir, Mère de grâce,
Voilà, voilà, le suprême bonheur.

Oh ! quand viendra ce jour que je désire,
Où je pourrai te voir et te bénir ?
S'il tarde encor, qu'au moins je puisse dire
Que je ne vis que de son souvenir.

TRENTE-UNIÈME JOUR.

N° 94. — I. Mois de Marie.

AIR : *Déjà tout renaît à la vie.*

Elle a sonné la dernière heure
De nos exercices bénis,
Où la Mère de Dieu, dans sa sainte demeure,
Aux pieds de ses autels nous trouvait réunis.
Nous venions chaque soir, loin d'un monde frivole,
Déposer à ses pieds des couronnes de fleurs ;
C'était notre bonheur : mais ce bonheur s'envole,
Et nous versons des pleurs.

REFRAIN.

C'en est donc fait, tendre Marie,
Il nous faut quitter ces beaux lieux !
Ah ! recevez, Mère chérie !
Nos derniers chants et nos adieux.

Nous allons cesser nos cantiques;
Nos jours de fêtes sont passés :
Comme l'Hébreu, captif aux rivages antiques,
Nous suspendons nos luths désormais délaissés.
Qui nous rendra ces jours et ces heures bénies,
Où nous venions chanter vos vertus, vos grandeurs ?
Ces beaux jours ne sont plus, ces heures sont finies,
Et nous versons des pleurs.

On nous l'a dit : sur cette terre
Il n'est point de bonheur constant ;
Ce ne sera qu'au ciel, ô bonne et tendre Mère !
Que nous pourrons trouver un bonheur permanent.
Notre vie, ici-bas, est un pélerinage,
Le sol que nous foulons un vallon de douleurs :
Vous allez de nos yeux retirer votre image,
Et nous versons des pleurs.

O Vierge pleine de tendresse !
Nous voulons rester dans vos bras ;
Voyez tous nos dangers, voyez notre faiblesse :
Des piéges du démon gardez, gardez nos pas.
Le monde nous poursuit, mais soyez notre Mère :
Ici, dans votre cœur, nous laissons tous nos cœurs.
Voici le dernier chant, la dernière prière,
Et nous versons des pleurs.

Nº 95. — II. Pour un Pélerinage à Marie.

AIR : *Prévenons les feux de l'aurore.*

Pour nous rendre dans sa chapelle,
Partons dès la pointe du jour ;
La bonne Vierge nous appelle,
Allons-lui dire notre amour.

REFRAIN.

C'est notre cœur, Mère chérie,
Qui nous amène auprès de vous :
Bénissez-nous, tendre Marie,
Daignez, daignez veiller sur nous.

Allons consacrer à Marie
Et notre joie et nos douleurs ;
Lui reconnaître, pour la vie,
Tous les droits qu'elle a sur nos cœurs.

Allons vénérer son image
Qui nous représente ses traits ;
Et que notre pélerinage
Soit enrichi de ses bienfaits !

N'est-elle pas la bonne Mère ?
Ne sommes-nous pas ses enfants ?
Rendons-nous dans son sanctuaire,
Pour lui redire nos serments.

Que sa tendresse prévoyante
Veille sur nous à chaque instant !
Elle est bonne, compatissante ;
Jamais on ne le fut autant.

Qu'elle protége notre enfance
Contre nos fougueux ennemis !
Qu'elle orne nos cœurs d'innocence,
Les rende purs comme le lis.

N° 96. — III. Désir d'aller voir Marie.

Air connu.

Quand moi, l'enfant de Marie,
Je suis près de son autel,
Loin de tenir à la vie,
Je soupire pour le ciel.

Je voudrais quitter la terre,
C'est vrai, Dieu m'en est témoin,
Et c'est parce que ma Mère,
Ma Mère est, hélas ! si loin.

Souvent je verse des larmes,
Je déplore mon exil;
Pour mon cœur rien n'a de charmes,
A mes yeux tout paraît vil.
Mes ces larmes, sur la terre,
Ces pleurs, Dieu m'en est témoin,
Je les verse pour ma Mère,
Pour ma Mère, hélas ! si loin.

Quand ainsi je me désole,
Quand je pleure, je gémis,
Un seul espoir me console,
C'est l'espoir du paradis.
Je dois quitter cette terre,
Joyeux, Dieu m'en est témoin,
Et j'irai près de ma Mère,
De ma Mère, hélas ! si loin.

Dans ce bas monde, on se lasse
A suivre un plaisir trompeur;
S'attachant à ce qui passe,
Peut-on trouver le bonheur?
Le bonheur, sur cette terre,
Pour moi, Dieu m'en est témoin,
Est de penser à ma Mère,
A ma Mère, hélas ! si loin.

Quand je songe à mon bon ange,
De son sort je suis jaloux :
Mais par un bonheur étrange,
Mon sort doit être aussi doux.

Un jour, quittant cette terre,
Heureux, Dieu m'en est témoin,
Je volerai vers ma Mère,
Vers ma Mère, hélas ! si loin.

Quand sera-t-elle sonnée
L'heure de ce jour heureux,
Où mon âme fortunée
Prendra l'essor vers les cieux ?
Quittant alors cette terre,
Sans pleurs, Dieu m'en est témoin,
Je serai près de ma Mère
Qui ne sera plus si loin.

N° 97. — Adieux à Marie.

AIR : *Me voici seul au pied de son autel.*

Me voici triste au pied de son autel,
Je dois bientôt quitter ce cher asile,
Où je goûtais comme un bonheur du ciel,
Ce bonheur pur qui rend l'âme tranquille.

Je chante encor, mais les larmes aux yeux,
Car mon cantique, ô douce et tendre Mère !
Est cette fois un cantique d'adieux,
Et ces adieux sont toute ma prière.

Cette prière, ô Mère du Sauveur !
Monte vers toi de mes lèvres tremblantes :
Exauce-la fais germer dans mon cœur,
Fais-y germer tes vertus ravissantes.

Veille sans cesse, oh ! veille bien sur moi :
Que ton regard sur mon âme repose !
Tel est mon vœu : s'il est reçu de toi,
Je ne saurais demander autre chose.

Puisque bientôt il faudra te quitter,
Daigne m'ouvrir ton cœur si bon, si tendre ;
C'est dans ce cœur que je veux m'abritter,
Mes pleurs, c'est là que je veux les répandre.

Adieu ! ma Mère, adieu ! je le redis,
En m'éloignant de ce cher sanctuaire ;
Porte avec toi mon cœur au paradis :
Oh ! que ne puis-je y voler tout entière !

N° 98. — Adieux à Marie.

AIR : *Reine de la lumière.*

TRIO.

De la plus tendre Mère
Il faut nous séparer !
Quelle douleur amère
De moi vient s'emparer !
Pour adoucir ma peine
Et calmer ma douleur,
Auprès de cette Reine
Je veux laisser mon cœur.

SOLO.

Je pars, Vierge fidèle,
Mon cœur reste avec toi :
Garde-le sous ton aîle,
Qu'il ne soit plus à moi.

CHŒUR FINAL.

C'est en toi que j'espère,
Sainte Mère de Dieu ;
Sois pour toujours ma Mère,
Adieu ! adieu !

N° 99. — Adieux à Marie.

AIR : *Il faut quitter le sanctuaire.*

Il faut quitter le saint asile,
Où mon cœur se trouvait heureux,
L'autel où mon âme tranquille
Goûtait comme un bonheur des cieux.

REFRAIN.

Je pars, adieu ! ma tendre Mère,
Adieu ! ma joie et mes amours ;
Toujours, toujours, je veux t'aimer, te plaire,
Toujours, toujours, toujours, toujours.

J'étais en proie à la tristesse,
Lorsque je vins dans ce saint lieu ;
Mais j'ai recouvré l'allégresse,
A tes pieds, ô Mère de Dieu !

Quand je fus devant ton image,
Empreinte de tant douceur,
J'entendis un secret langage
Qui tout droit allait à mon cœur.

Tu me disais : « Enfant que j'aime,
« Mets toute ta confiance en moi ;
« Mon Fils, étant la bonté même,
« De lui j'obtiendrai tout pour toi. »

Cette parole douce et tendre
Fit naître la paix en mon cœur ;
Je crus pouvoir encor prétendre
A cueillir ma part de bonheur.

Sois donc bénie, ô tendre Mère !
Pour tant d'amour, tant de bienfaits :
Ah ! que ton secours tutélaire
De moi ne s'éloigne jamais.

Pourquoi faut-il que je te quitte,
O Vierge! mes chastes amours?
Pourquoi faut-il partir si vite,
Quand je voudrais rester toujours?

Que ne puis-je, ô Vierge fidèle!
Vivre près de ton saint autel!
Mourir dans ta sainte chapelle,
Et de là m'envoler au ciel!

N° 100. — Adieux à Marie.

AIR : *Il faut quitter celle que mon cœur aime.*

Il faut quitter l'auguste sanctuaire,
Où, plein d'ardeur, j'ai prié tant de fois!
J'étais heureux d'être auprès de ma Mère;
Avec amour, elle écoutait ma voix.

REFRAIN.

Adieu! Marie, adieu! ma Mère :
Oh! que ma douleur est amère!
Il n'est pour moi plus de bonheur;
Adieu! je vous laisse mon cœur.

Oh! que ces jours avaient pour moi de charmes!
Ils étaient doux comme un parfum des cieux :
Mais maintenant je n'ai plus que des larmes
Qui malgré moi, s'échappent de mes yeux.

Comment chanter, quand la douleur m'oppresse!
Quand les sanglots s'emparent de ma voix?
Oh! que mon chant soit un chant de tristesse!
Que mes soupirs parlent seuls cette fois!

Heureusement, ô ma Mère céleste!
Que, si le temps emporte mes beaux jours,
Je puis compter que votre amour me reste,
Et que, du ciel, vous m'aimerez toujours.

Mère d'amour, bonne et tendre Marie ,
Avec regret je quitte ces saints lieux :
Assurez-moi qu'à la fin de la vie
J'irai vous voir et vous chanter aux cieux.

Nº 101. — Les Pèlerins de Marie.

AIR : *Le temps partout est sombre*.

Un bien sombre nuage
Enveloppe tout l'horizon :
Dans le lointain, avec frisson,
J'entends gronder l'orage.
Pour que les cieux redeviennent sereins ,
Priez, priez, ô pauvres pèlerins !

REFRAIN.

Marie, ô tendre Mère !
Nous recourons à vous :
Malgré le temps et son courroux ,
En vous notre âme espère.
Marie, ô tendre Mère !
Vos yeux seront ouverts sur nous !

C'est le vent des tempêtes
Qui mugit à travers les monts :
Bientôt la pluie et les grelons
Vont fondre sur vos têtes.
Les cieux, hélas ! sont loin d'être sereins ;
Priez, priez, ô pauvres pèlerins !

Entendez-vous la foudre ?
Que ses grondements sont affreux !
Ne dirait-on pas que ses feux
Vont tout réduire en poudre ?
Moins que jamais les cieux ne sont sereins :
Priez, priez, ô pauvres pèlerins !

Puisque c'est de Marie
Que vous attendez du secours;
Elle protégera vos jours,
Vous lui devrez la vie.
Son doux regard rendra les cieux sereins :
Priez, priez, ô pauvres pélerins !

Marie est toute bonne,
Priez, invoquez-la toujours ;
Le temps propice et les beaux jours,
C'est elle qui les donne.
L'orage a fui... les cieux sont tout sereins !
Partez, partez, ô joyeux pélerins !

N° 102. — Consécration nouvelle.

AIR : *Triomphez, Cœur de Jésus.*

Triomphez, Reine des cieux !
Et sur vos enfants de la terre,
Avec bonté, jetez les yeux.

DUO.

Montrez-vous toujours notre Mère,
Vierge tutélaire,
Et, dans ce jour si prospère,
Recevez nos humbles vœux.
Triomphez, Reine des cieux !

SOLO.

O jour heureux ! ô jour si plein de charmes !
Où nous venons nous consacrer à vous !
De notre cœur il bannit les alarmes,
Et nous remplit du bonheur le plus doux.

CHŒUR.

O bienfaitrice !
De nos plus jeunes ans,
O protectrice !
De nos derniers moments ;

Consolatrice
De tous les cœurs souffrants,
Dominatrice
Des cœurs purs et fervents,
Toujours, toujours nous serons vos enfants !
O Mère tendre et bonne !
Le devoir nous l'ordonne,
Toujours, toujours nous serons vos enfants !
Oui, sainte et céleste patronne,
Toujours, toujours nous serons vos enfants !

Nº 103. — Autre Consécration.

AIR : *Oui son pouvoir est grand, elle est Vierge,
elle est Mère.*

CHŒUR.

Oui, son pouvoir est grand, son crédit est immense,
Et son amour pour nous égale ses grandeurs ;
Sur terre et dans le ciel s'exerce sa puissance.
Son œil veille sur nous, son cœur gagne les cœurs :
Elle bénit ses serviteurs,
Et les comble de ses faveurs.

SOLO.

Bonne Marie,
Vierge toujours chérie,
Daigne écouter nos sincères serments :
Sur cette terre,
Tu seras notre Mère,
Et nous toujours nous serons tes enfants.

CHŒUR.

Oui, ton pouvoir est grand, ton crédit est immense,
Et ton amour pour nous égale tes grandeurs ;
Sur terre dans le ciel s'exerce ta puissance,
Ton œil veille sur nous, ton cœur gagne nos cœurs :
Bénis, bénis tes serviteurs,
Et comble-les de tes faveurs.

N° 104. — Résolutions.

Air connu.

O Vierge ! du haut de ton trône,
Daigne écouter mes saints soupirs ;
Mère aussi puissante que bonne,
Tu connais quels sont mes désirs.

REFRAIN.

O Mère aimable !
Mère admirable,
Sois mes amours :
Je viens te dire
Que je désire
T'aimer toujours.

Je veux en tout suivre tes traces,
Vivre de l'amour de Jésus ;
Et mériter tes bonnes grâces
En t'imitant dans tes vertus.

Mon cœur travaillera sans cesse
A devenir pieux et pur ;
Car pour obtenir ta tendresse,
C'est-là le moyen le plus sûr.

Comme toi fuyant les délices
Que m'offre un monde séducteur ;
J'accepte tous les sacrifices
Qu'impose la loi du Seigneur.

Si le démon entre en colère,
Tu me couvriras de ta main ;
Sous ton égide tutélaire
Contre moi son pouvoir est vain.

Je veux vivre toute ma vie,
Caché dans ton cœur maternel ;
Pour qu'un jour, auguste Marie,
Je sois près de toi dans le ciel.

N° 105. — Fidélité.

AIR : *Vierge Marie, Femme bénie.*

REFRAIN. Bonne Marie,
      Mère chérie,
Le ciel admire vos grandeurs :
      Vierge puissante,
      Reine clémente,
A vous l'hommage de nos cœurs !

Reine du ciel et de la terre,
Vos bontés ont su nous charmer ;
Ah ! qui pourrait, divine Mère,
Qui pourrait ne pas vous aimer ?

O Mère du Dieu qui pardonne !
Vous que nous chantons chaque jour,
Nous vous offrons, comme couronne,
Nos cœurs brûlants de votre amour.

Nous vous jurons d'être fidèles
A vous aimer, à vous servir :
Nos promesses sont éternelles
Et nos cœurs sauront les tenir.

Si jamais notre âme inconstante
Devait oublier son serment,
Faites que de sa faux tranchante
La mort nous frappe en ce moment.

Mais non, ô divine Marie !
Nous vous aimerons sans retour,
Afin d'aller, dans la Patrie,
Continuer nos chants d'amour.

FIN

— 141 —

TABLE ALPHABÉTIQUE

<table>
<tr><td>Nos</td><td></td><td>Pages.</td></tr>
<tr><td>51</td><td>Aimer Marie de tout mon cœur</td><td>70</td></tr>
<tr><td>44</td><td>A la Reine des cieux</td><td>61</td></tr>
<tr><td>38</td><td>Allons au trône de Marie</td><td>52</td></tr>
<tr><td>75</td><td>A toi Marie, ô ma patronne</td><td>99</td></tr>
<tr><td>81</td><td>A toi nos cœurs, ô Mère toute aimable</td><td>111</td></tr>
<tr><td>54</td><td>Au retour du mois de Marie</td><td>46</td></tr>
<tr><td>50</td><td>Ave gratia plena</td><td>41</td></tr>
<tr><td>21</td><td>Ave Maria, redisons avec l'ange</td><td>28</td></tr>
<tr><td>15</td><td>A vos pieds, Reine de clémence</td><td>20</td></tr>
<tr><td>91</td><td>Beau mois de mai dont la beauté m'enchante</td><td>123</td></tr>
<tr><td>43</td><td>Beau mois de mai, sois pour moi sans nuage</td><td>60</td></tr>
<tr><td>49</td><td>Beau mois de notre Mère</td><td>67</td></tr>
<tr><td>7</td><td>Beau mois que le chrétien salue avec ivresse</td><td>10</td></tr>
<tr><td>48</td><td>Bientôt finira-t-il l'orage</td><td>65</td></tr>
<tr><td>105</td><td>Bonne Marie, Mère chérie</td><td>140</td></tr>
<tr><td>84</td><td>Bonne Vierge Marie</td><td>114</td></tr>
<tr><td>55</td><td>C'est le mois de Marie</td><td>76</td></tr>
<tr><td>70</td><td>Chrétiens, de la Mère de Dieu</td><td>96</td></tr>
<tr><td>52</td><td>Cieux, entonnez vos chants de fête</td><td>43</td></tr>
<tr><td>87</td><td>Comblés de tes douces faveurs</td><td>118</td></tr>
<tr><td>88</td><td>Comme ils se sont écoulés vite</td><td>119</td></tr>
<tr><td>90</td><td>Courbés devant l'auguste image</td><td>122</td></tr>
<tr><td>46</td><td>Dans ce beau mois des fleurs que nos lyres</td><td>64</td></tr>
</table>

FIN DE LA TABLE.

Digne. — VIAL Imprimeur-Libraire, rue Capitoul, 5.

www.ingramcontent.com/pod-product-compliance
Lightning Source LLC
Chambersburg PA
CBHW072113090426
42739CB00012B/2951